116
116
a
Santa Marga
Maria de la Salut
Cos
Ma

Impressum

SavoirVivre Verlag
Am Inzerfeld 53
D-47167 Duisburg
Fon: +49 (0) 2 11 - 57 72 41 14
Fax: +49 (0) 2 11 - 57 72 41 19
E-Mail: info@savoirvivreverlag.de

www.savoirvivreverlag.de

Konzeption:
Claudia Lechner, Dr. Rolf Versen

Fotografie:
Wolf Schily, Dr. Rolf Versen

Text:
Dr. Rolf Versen

Gestaltung:
Kuntze & Partner
Kommunikationsdesign GmbH
Frank Lempaszek, Andrea Uecker

Illustration:
Frank Lempaszek

Produktion:
Claudia Lechner

Gesamtherstellung:
Grafisches Zentrum
Drucktechnik GmbH

Printed in Germany

Ausgabe 2001/2002

ISBN 3-934590-01-2

Mallorca!

Schlemmen, Träumen, Classic-Cars

Ein kleines Dankeschön für Ihre Kundentreue!

Das Leben genießen. Wo sonst als unter dem mediterranen Sternenhimmel von Mallorca - der Insel, auf der schon Chopin sein zweites Zuhause fand. Machen Sie eine literarische Tour zu den traditionellen Köstlichkeiten Mallorcas, und holen Sie ein bisschen der mallorquinischen Lebensart nach Deutschland an Ihren heimischen Herd.

Für die Zukunft viele Sternstunden und von allem nur das Beste, das wünscht Ihnen

Ihr D2 Vodafone-Team

Inhaltsverzeichnis

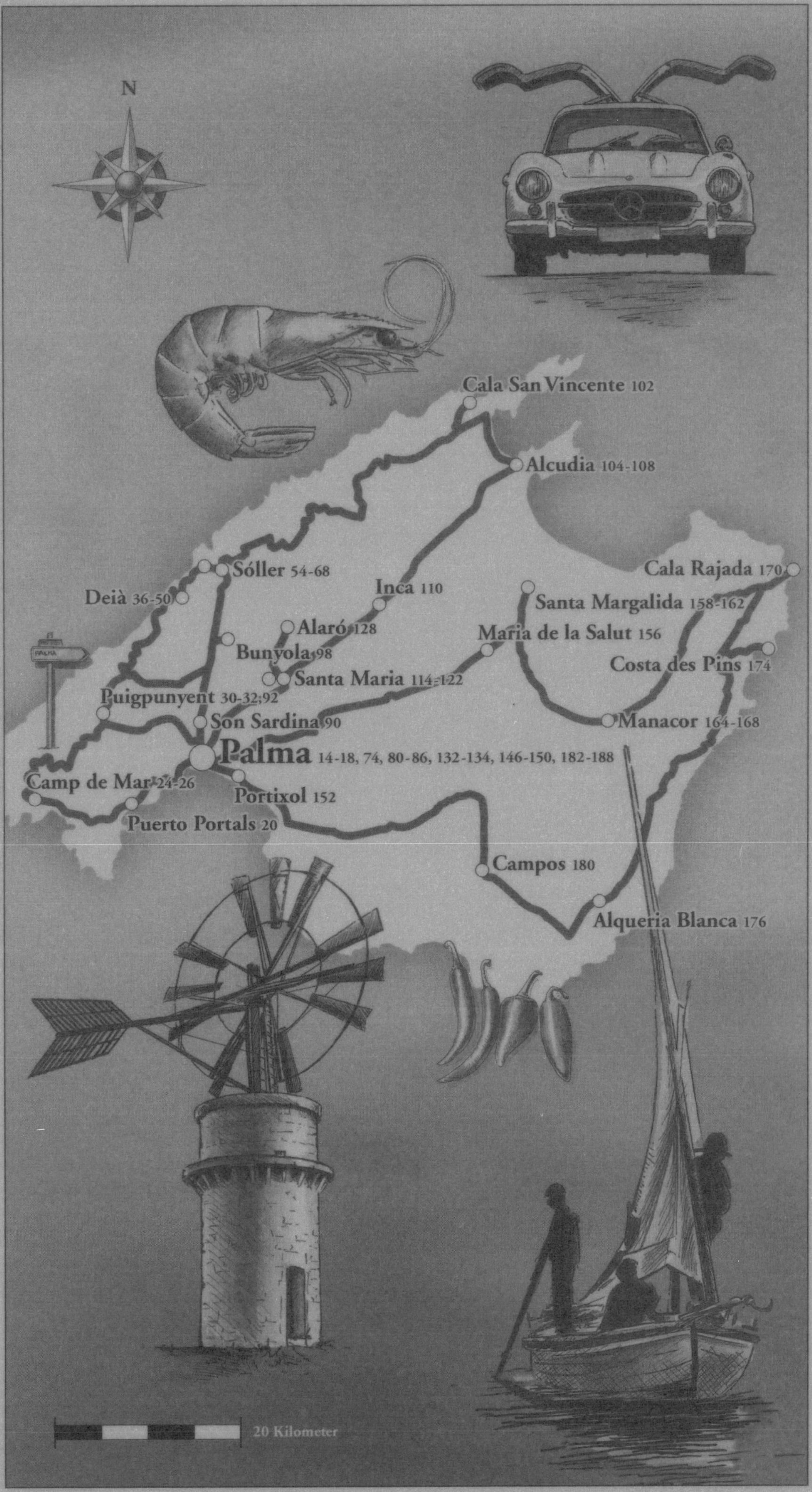
N
Cala San Vincente 102
Alcudia 104-108
Sóller 54-68
Deià 36-50
Inca 110
Cala Rajada 170
Santa Margalida 158-162
Alaró 128
Maria de la Salut 156
Bunyola 98
Costa des Pins 174
Santa Maria 114-122
Puigpunyent 30-32;92
Son Sardina 90
Manacor 164-168
Palma 14-18, 74, 80-86, 132-134, 146-150, 182-188
Camp de Mar 24-26
Portixol 152
Puerto Portals 20
Campos 180
Alqueria Blanca 176
20 Kilometer

N
Cala San Vincente 102
Alcudia 104-108
Cala Rajada 170
Santa Margalida 158-162
María de la Salut 156
Costa des Pins 174
Manacor 164-168
Inca 110
Alaró 128
Bunyola 98
Santa Maria 114-122
Sóller 54-68
Deiá 36-50
Puigpunyent 30-32, 92
Son Sardina 90
Palma 14-18, 74, 80-86, 132-134, 146-150, 182-188
Camp de Mar 24-26
Portixol 152
Puerto Portals 20
Campos 180
Alqueria Blanca 176
20 Kilometer

Vorwort

Träumerei auf der Insel des Lichts

Der größte Teil Europas leidet unter Schnee und Dauerregen, und doch findet sich nach nur ca. 2 Stunden Flug eine Insel, auf der das Frühjahr schon Ende Januar mit der Mandelblüte beginnt und auf der im März meist angenehme Temperaturen um die 20 Grad herrschen, die Zitronen und Orangen prall an den Bäumen hängen, und dazu dieses sagenhafte Licht. Da man auf einer solchen Ferieninsel endlich Zeit zum Lesen findet, empfehle ich unbedingt das Buch „Die Inseln des zweiten Gesichts" von Albert Vigoleis Thelen, geboren am Niederrhein, der 1931 vor den drohenden Nazis nach Mallorca floh und sprachgewaltig und -verliebt seine Zeit auf der Insel bis 1936 autobiographisch beschreibt. Ein Fest für Liebhaber großer Literatur.

Nun hat sich seit 1936 auf Mallorca viel getan. Es gibt wenig Plätze auf diesem Erdball, die mit soviel verschiedenen Klischees belegt worden sind – von der Putzfraueninsel zum Schicki-Micki-Platz, von den peinlichen Ballermännern zur Fluchtburg aller Steuersünder Europas. Alles Nonsense !

Diese Insel ist ein Mikrokosmos, ein Schmelztiegel der Kulturen, beeinflußt von allen umliegenden Mittelmeerländern in Sprache und Kultur und auch in der Küche. Womit wir beim Thema wären. Noch vor 15 Jahren war die Insel eine kulinarische Diaspora, es gab einige wenige interessante Lokale, doch die Auswahl war bescheiden. Mit der Entscheidung zum Qualitytourismus, mit dem Zuzug anspruchsvoller Residenten und Gäste entstand eine kulinarische Szene, die international ist, mit mallorquinischen Elementen und mediterran geprägt, die auch dem verwöhntesten Gaumen standhält und in ihrer Vielfalt einfach Freude macht.

Dazu ist Palma eine Stadt, die keine Saison kennt, sommers wie winters mit urbanem Leben pulsiert und des Mallorquins und Spaniers sprichwörtliche Freude am extensiven Nachtleben in jeder Weise fördert.

Die Insel hat ein umfangreiches Straßennetz in hervorragendem Zustand, bietet herrliche Paßfahrten im Tramuntanagebirge auf der Westseite und ist der ideale Standort für eine Rallye mit klassischen Automobilen. Die Rallye, deren Entstehung auf den folgenden Seiten beschrieben wird, dauert nur dreieinhalb aufregende Tage, doch für den geneigten Leser bietet sich eine umfangreichere Reise an. Das Buch teilt die Insel in drei Teile, den Westteil, die zentrale Nord-Süd-Achse und den Ostteil. In jedem Part ist eine kleine Reise ausgearbeitet, die ein etwas verlängertes Wochenende, sagen wir Anreise Mittwoch morgen und Abreise Sonntag abend, in angenehmster Weise füllt. Man sollte eine genaue Karte benutzen, da gerade die kleinen Seitenstraßen fahrerisch das größte Vergnügen bieten. Unbedingt ist auf die zahlreichen Fahrradfahrer zu achten, die meist rudelweise und auf der falschen Straßenseite auftauchen. Zudem scheinen sie, zumal wenn sie deutscher Provenienz sind, „the right of way“ für sich gepachtet zu haben. Der mallorquinische Autofahrer läßt es eher gemütlich angehen, und die zahlreichen älteren Ehepaare im kleinen Mietwagen sind auch nicht gerade die flottesten. Meidet man die übervollen Monate Juli und August, dann kann man die Insel in Ruhe genießen.

Unsere umfangreiche Rezeptsammlung, zu der alle vorgestellten Restaurants je zwei Favorites beigetragen haben, verlockt zum Nachkochen. Auf den Hinweis des nächsten Golfplatzes haben wir diesmal verzichtet. Es gibt zahlreiche Plätze auf der Insel, und Sie finden die ungefähre Location auf den drei Abschnittskarten.

Bon profit, wie der Mallorquin sagt!

Wie alles entstand …

Warm-up der Trofeo Baleares Clásico del Automóvil

Ein paar Leute hecken eine Idee aus, andere hören davon, man trifft sich, die Dinge werden verdichtet, auf Machbarkeit geprüft, gedreht und gewendet, und irgendwann entsteht ein Team, das die Erfahrung und die Möglichkeiten hat, die Idee in die Realität umzusetzen. Der wichtige lokale Partner findet sich in Gestalt des Anwaltes Miguel Cifre aus Puerto Pollensa. Es kann losgehen, und die Jobs werden verteilt. Peter Raumann, seit einigen Jahren erfolgreicher Fahrer bei historischen Veranstaltungen, übernimmt die Organisation, Heiner Otten, einem flotten Gasfuß im 300 SL auch nicht abgeneigt, ist für die Finanzen zuständig, und Ihr Autor kümmert sich um das leibliche und seelische Wohl der Teilnehmer.

Jochen Berger, ehemaliger Franser von Walter Röhrl und mit diesem mehrmaliger Rallyeweltmeister, erstellt das umfangreiche Roadbook – eine Sisyphusarbeit. Rafael Ferragut, Escuderia TR Balear, und Helmut Kalenborn, Lokalmatador, schlagen Strecken und Berge vor. Die Zusammenarbeit mit den Behörden wird intensiviert, und alle arbeiten begeistert mit, die Regierung, das Institut Balear del Turismo und die Bürgermeister der Regionen. Das gemeinsame Ziel: die erste Trofeo Baleares Clásico del Automóvil erfolgreich aus der Taufe zu heben.

Im umfangreichen Rallyekalender Europas klaffte eine Lücke im Monat März, und diese galt es zu schließen in der Tradition der großen Veranstaltungen für klassische Automobile. Zahlreiche Bergrennen und ein Rundstreckenrennen, köstliche Verpflegung und erstklassige Unterbringung, dazu ein permanentes Fahrerlager tragen dazu bei, daß sich die Crews jeden Tag sehen können und das so erfreuliche Socialising nicht zu kurz kommt.

Es gibt eine Competition-Class und eine Regularity-Class, die noch jeweils nach Baujahr und Hubraum unterteilt werden. Das älteste Fahrzeug stammt aus den zwanziger Jahren und das jüngste aus den siebzigern. So ensteht ein buntes Feld attraktiver Renn- und Sportwagen, und auch die eine oder andere Limousine wird beherzt über die Strecke getrieben. Der größere Teil der Crews fährt in der Regularity, bei der es darauf ankommt, einen bestimmten, vorgegebenen Schnitt auf den einzelnen Sonderprüfungen genauestens einzuhalten. Die Competition bläst, was das Zeug hält und fährt auf Bestzeit. Allen Teilnehmern, je nach Temperament und Intention, wird ein optimales sportliches Erlebnis geboten.

So hat sich die Trofeo Baleares gleich in eindrucksvoller Weise etabliert, und in den kommenden Jahren wird bei der großen Auswahl an erstklassigen Bergrennstrecken und weiteren attraktiven sportlichen Parts keine Langeweile aufkommen.

Und dann gibt es ja auch noch Menorca und Ibiza…

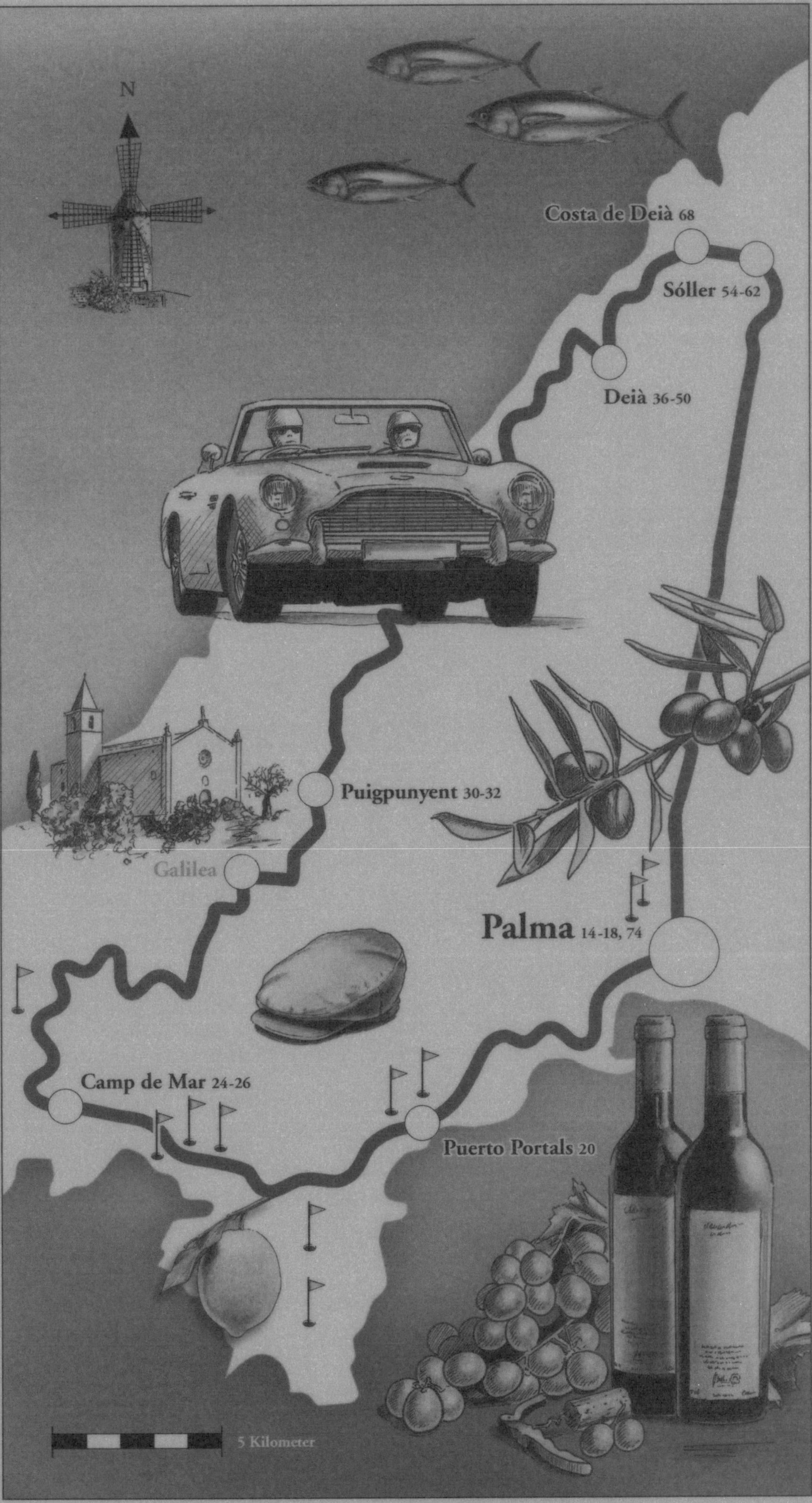
N
Costa de Deià 68
Sóller 54-62
Deià 36-50
Puigpunyent 30-32
Galilea
Palma 14-18, 74
Camp de Mar 24-26
Puerto Portals 20
5 Kilometer

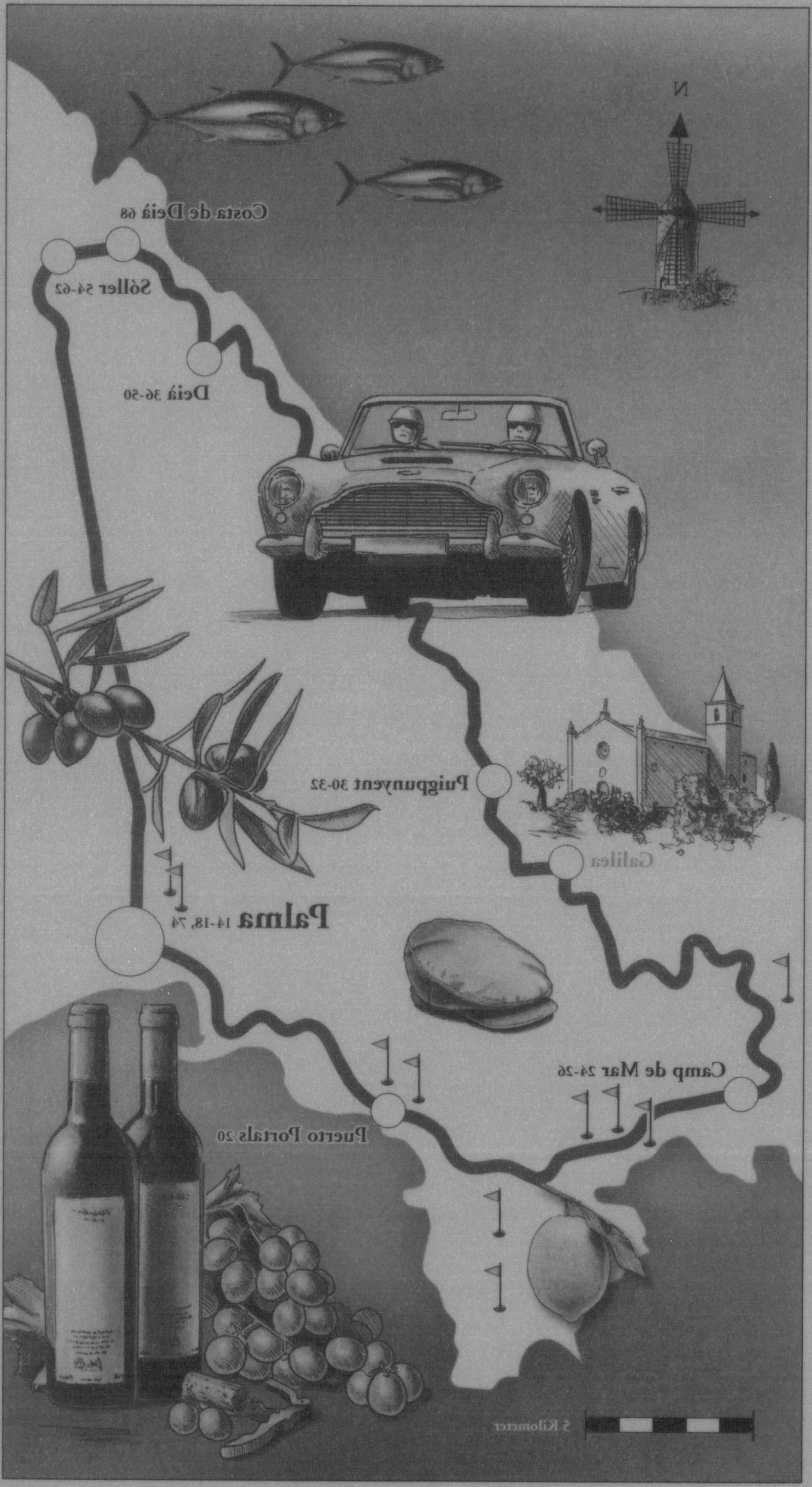
N
Costa de Deiá 68
Sóller 54-62
Deiá 36-50
Puigpunyent 30-32
Galilea
Palma 14-18, 74
Camp de Mar 24-26
Puerto Portals 20
5 Kilometer

Austin Healey 3000
Aston Martin DB5
Mercedes 300SL
Austin Healey 3000

Das Fahrerlager

Ruhe vor dem Sturm

Noch sind die Boliden abgedeckt und die Zelte verschlossen doch bald erwacht das Fahrerlager zu quirligem Leben. Hier ist das Kommunikationszentrum der Rallye, die Zeitnahme, die technische Abnahme und die Organisation. Hier stehen die Zelte und

Informationsstände der Sponsoren. Für die Teilnehmer und ihre Crews gibt es Coca, Wein, Bier, Wasser und Eiscreme, eine explosive Mischung. Hier beginnt der Tag und hier endet der Tag – im Fahrerlager, mitten in Palma de Mallorca am alten Fischereihafen.

Restaurant Es Baluard

Palma

Während im Fahrerlager hektische Betriebsamkeit herrscht und letzte Reparaturen vorgenommen werden, kehren wir im Es Baluard an der hübschen Plaça Catalina ein. Palma ist „truly international" und so freut es einen immer wieder, einen waschechten Sohn des Landes zu finden, der die lokale Küche hoch hält. Joan Torrens Cantallops ist Sohn einer alten Gastronomenfamilie aus Inca und kocht in seinem unprätentiösen, angenehmen Restaurant eine klare und köstliche Küche. Je nach Jahreszeit wechselt die Karte, und der Gast wird mit immer frischen Zutaten verwöhnt. Die umfangreiche Weinkarte wird vom Sommelier eingehend erklärt und ein zum Gericht passender Wein empfohlen. Größtenteils einheimische Gäste sorgen für eine geräuschvolle und fröhliche Atmosphäre. In seiner knappen freien Zeit malt und zeichnet Joan Torrens. An den Wänden seines Restaurants hängen die Ergebnisse – lichte Bilder, deren Hauptthema das gute Essen und seine Zutaten ist. Joan Torrens stellt zwei seiner Rezepte vor, Ententerrine und Käseeis.

Restaurant
Es Baluard

Plaça Porta Santa Catalina, 9
E-07012 Palma
Fon: +34 (0) 971 - 71 96 09
Fax: +34 (0) 971 - 71 96 09

Öffnungszeiten:
Sonntag geschlossen,
15. bis 30. Januar geschlossen

Preise: mittel

Parken: vor dem Haus

Terrina

de pato

Zutaten für 4 Personen:

350 g mageres Hackfleisch vom Schwein
350 g zerkleinertes Entenfleisch
200 g eingelegter Entenmagen, gewürfelt
250 g Entenleber, gesalzen und gepfeffert
125 ml Sahne
100 ml Cognac
100 g getrocknete Feigen
20 g Pinienkerne
Salz, Pfeffer
1 Ei

Ententerrine

Das gehackte Schweinefleisch, das Entenfleisch mit dem Entenmagen und der geschnittenen Entenleber vermischen. Das Ei, die Sahne, den Cognac, die gewürfelten Feigen und Pinienkerne hinzugeben, mit Salz und Pfeffer würzen und vermengen. In eine Terrinenform geben und im Ofen bei 180 Grad backen.

Helado

de queso

Zutaten für 4 Personen:

1 l Milch
250 g Hartkäse
9 Eidotter
250 g Zucker
kandierte Früchte

Käseeis

Die Milch mit dem Zucker zum Kochen bringen, geriebenen Hartkäse hinzugeben und schmelzen. Die Milch-Käse-Mischung mit den Eidottern zu einer Creme verrühren, abkühlen lassen und in der Sorbetière zu Eis verarbeiten. Mit kandierten Früchten servieren.

Terrina

de pato

Zutaten für 4 Personen:

350 g mageres Hackfleisch vom Schwein
350 g zerkleinertes Entenfleisch
200 g eingelegter Entenmagen, gewürfelt
250 g Entenleber, gesalzen und gepfeffert
125 ml Sahne
100 ml Cognac
100 g getrocknete Feigen
20 g Pinienkerne
Salz, Pfeffer
1 Ei

Ententerrine

Das gehackte Schweinefleisch, das Entenfleisch mit dem Entenmagen und der geschnittenen Entenleber vermischen. Das Ei, die Sahne, den Cognac, die gewürfelten Feigen und Pinienkerne hinzugeben, mit Salz und Pfeffer würzen und vermengen. In eine Terrinenform geben und im Ofen bei 180 Grad backen.

Helado

de queso

Zutaten für 4 Personen:

1 l Milch
250 g Hartkäse
9 Eidotter
250 g Zucker
kandierte Früchte

Käseeis

Die Milch mit dem Zucker zum Kochen bringen, geriebenen Hartkäse hinzugeben und schmelzen. Die Milch-Käse-Mischung mit den Eidottern zu einer Creme verrühren, abkühlen lassen und in der Sorbetière zu Eis verarbeiten. Mit kandierten Früchten servieren.

Porsche 356

Hotel San Lorenzo

Palma

Endlich gibt es in Palma kleine Stadthotels, ein neuer Trend, der nicht nur den Geschäftsmann freut, sondern auch den Besucher, der das urbane Leben in der quirligen Stadt Palma schätzt. Das San Lorenzo ist ein liebevoll restauriertes Stadtpalais mit einer warmen und persönlichen Atmosphäre. Die 6 Zimmer und Suiten sind romantisch eingerichtet mit antiken Möbeln und Balkendecke, die Bäder luxuriös mit spanischen Fliesen und Marmor mit separaten Toilettenräumen, kurzum, das Haus strahlt Behaglichkeit aus. Die Suiten bieten Kamin und eigene Terrasse. Im Innengarten gibt es einen kleinen Pool und Sonnenliegen. Am besten das Auto stehen lassen, denn von hier aus kann man zu Fuß alle wichtigen Punkte der Stadt erreichen, auch die richtigen Restaurants.

Hotel
San Lorenzo

C/. San Lorenzo, 14
E-07012 Palma de Mallorca
Fon: +34 (0) 971 - 72 82 00
Fax: +34 (0) 971 - 71 19 01
E-Mail: sanlorenzo@fehm.es
Internet:
www.fehm.es/pmi/sanlorenzo

Öffnungszeiten: immer geöffnet

Preise: 110 bis 195 €

Parken: Anfahren zum Gepäckausladen und dann in der Nähe suchen, etwas schwierig.

Ausstattung:
Kleiner Pool im Garten

Restaurant Tristan

Puerto Portals

Zum Konzept von Puerto Portals gehört einfach ein Toprestaurant. So zählt zu den absoluten Highlights der Insel das Tristan von Gerhard Schwaiger. Er kocht große Küche, bietet besten Service und große Weine. Der Name Tristan ist aus dem Tausch der Silben des altbekannten Tantris in München entstanden. Das Restaurant entstand unter dem Patronat und der Leitung von Heinz Winkler, der jetzt im lieblichen Aschau am Chiemsee kocht. Und Gerhard Schwaiger hat sich längst von seinem einstigen Mentor abgenabelt und seinen eigenen Stil gefunden. Man sitzt im Winter auf der beheizten und überdachten Terrasse, blickt auf die dicken Pötte im Hafen und läßt sich verwöhnen. Mittags bietet das Bistro um die Ecke eine leichte, leckere Küche. Schwaiger hat bei den Besten gelernt, sich weiter verfeinert, und hier etwas über frische Produkte etc. zu schreiben, hieße Eulen nach Athen zu tragen. Es schmeckt einfach himmlisch, das Ambiente ist stimmig, das Publikum sehr verwöhnt, und man fühlt sich außerordentlich wohl.

Restaurant
Tristan

Local No.1
E-07015 Puerto Portals
Fon: +34 (0) 971 - 67 55 47
Fax: +34 (0) 971 - 67 90 83

Öffnungszeiten: im Winter
Montag geschlossen

Preise: angemessen hoch

Parken: neben dem Haus

Lubina marinada

con panaché de verduras y kafir

Zutaten für 4 Personen:

400 g Seewolffilet mit Haut

Für die Marinade:
125 ml Olivenöl
1 EL Steinpilze
3 EL Zitronensaft
4 Kafirblätter
Salz

1 EL Karottenwürfel
1 EL Selleriewürfel
1 EL Zucchiniwürfel
1/2 EL Paprikawürfel
schwarzer Pfeffer

Seewolf mariniert mit Gemüsepanaché und Kafir

Die Marinade kräftig durchmischen und eine Nacht im Kühlschrank ziehen lassen. Die Gemüsewürfel kochen und erkalten lassen. Den Seewolf in feine Tranchen schneiden und kreisförmig auf Tellern anrichten. Die Marinade mit dem Gemüse mischen und auf die angerichteten Seewolfscheiben geben. Mit schwarzem Pfeffer würzen.

Gambas

con calabaza estofada y vinagreta de perejil

Zutaten für 4 Personen:

200 g Hokaidokürbis
125 ml Hühnerbrühe
4 EL Olivenöl
Muskat, Salz, Pfeffer, Zucker
12 Gambas geschält
2 EL Tomatenwürfel, roh
2 EL Kürbiswürfel, gekocht

Für die Vinaigrette:
125 ml Hühnerbrühe
1 Lorbeerblatt
5 Bund Petersilie
250 ml Olivenöl
1 EL Zitronensaft
2 Tomaten
100 g Fenchelgrün
Salz, Pfeffer, Zucker
1 EL Trüffelöl

20 g gehackte Petersilie
6 EL Olivenöl

Gambas auf Kürbisgemüse mit Petersilienvinaigrette

Das in Stücke geschnittene Kürbisfleisch in der Hühnerbrühe weichkochen, bis der Fond ganz reduziert ist. Zusammen mit den Gewürzen und dem Olivenöl fein pürieren. Die Gambas in etwas Olivenöl zart braten, salzen und mit Zitrone beträufeln. Für die Vinaigrette alle Zutaten, außer der gehackten Petersilie, im Ofen bei 90 Grad 2 Stunden ziehen lassen. Dann kräftig durch ein Sieb drücken und erkalten lassen. Mit dem Stabmixer aufschäumen. Das Kürbispüree kreisförmig auf einem tiefen Teller anrichten. Mit den Gambas belegen. Die Tomaten- und Kürbiswürfel mit der Vinaigrette mischen und damit die Gambas umgießen. Das Olivenöl mit der gehackten Petersilie mischen und über das Gericht träufeln.

Lubina marinada

con panaché de verduras y kafir

Zutaten für 4 Personen:

400 g Seewolffilet mit Haut

Für die Marinade:
125 ml Olivenöl
1 EL Steinpilze
3 EL Zitronensaft
4 Kafirblätter
Salz

1 EL Karottenwürfel
1 EL Selleriewürfel
1 EL Zucchiniwürfel
1/2 EL Paprikawürfel
schwarzer Pfeffer

Seewolf mariniert mit Gemüsepanaché und Kafir

Die Marinade kräftig durchmischen und eine Nacht im Kühlschrank ziehen lassen. Die Gemüsewürfel kochen und erkalten lassen. Den Seewolf in feine Tranchen schneiden und kreisförmig auf Tellern anrichten. Die Marinade mit dem Gemüse mischen und auf die angerichteten Seewolfscheiben geben. Mit schwarzem Pfeffer würzen.

Gambas

con calabaza estofada y vinagreta de perejil

Zutaten für 4 Personen:

200 g Hokaidokürbis
125 ml Hühnerbrühe
4 EL Olivenöl
Muskat, Salz, Pfeffer, Zucker
12 Gambas geschält
2 EL Tomatenwürfel, roh
2 EL Kürbiswürfel, gekocht

Für die Vinaigrette:
125 ml Hühnerbrühe
1 Lorbeerblatt
5 Bund Petersilie
250 ml Olivenöl
1 EL Zitronensaft
2 Tomaten
100 g Fenchelgrün
Salz, Pfeffer, Zucker
1 EL Trüffelöl

20 g gehackte Petersilie
6 EL Olivenöl

Gambas auf Kürbisgemüse mit Petersilienvinaigrette

Das in Stücke geschnittene Kürbisfleisch in der Hühnerbrühe weichkochen, bis der Fond ganz reduziert ist. Zusammen mit den Gewürzen und dem Olivenöl fein pürieren. Die Gambas in etwas Olivenöl zart braten, salzen und mit Zitrone beträufeln. Für die Vinaigrette alle Zutaten, außer der gehackten Petersilie, im Ofen bei 90 Grad 2 Stunden ziehen lassen. Dann kräftig durch ein Sieb drücken und erkalten lassen. Mit dem Stabmixer aufschäumen. Das Kürbispüree kreisförmig auf einem tiefen Teller anrichten. Mit den Gambas belegen. Die Tomaten- und Kürbiswürfel mit der Vinaigrette mischen und damit die Gambas umgießen. Das Olivenöl mit der gehackten Petersilie mischen und über das Gericht träufeln.

Hotel Dorint Royal Golfresort & Spa

Camp de Mar

Was lange währt ... das Dorint ist ein neues Highlight unter den Luxushotels Mallorcas. Schon die Anfahrt ist großartig, und der Obelisk auf dem Vorplatz erzählt die Geschichte der Menschheit in Namen, genau 381 Namen der bedeutendsten Persönlichkeiten, die diese Welt geformt und beeinflusst haben. Nach dem Empfang gelangt der Gast in die spektakuläre Bar und von hier aus in die diversen Restaurants und Räumlichkeiten dieses großzügigen Hauses. Man lebt hier mitten auf dem Golfplatz, steigt einfach auf zum 19. Loch, und zwei Stockwerke tiefer findet sich die üppige Schwimmlandschaft. Zu Fuß ist man in 10 Minuten am Meer. Das Haus hat 164 elegante Zimmer und Suiten und fügt sich trotz seiner Größe wie ein altes, mehrfach gewachsenes Kloster in die Landschaft ein. Der üppige Wellnessbereich bietet alles, was man sich nur wünschen kann, Sauna Jaccuzzi, Thalasso-Behandlung, Massage etc., dazu eine Beautyfarm – heraus kommt ein neuer Mensch!

Hotel
Dorint Royal Golfresort & Spa

E-07160 Camp de Mar
Fon: +34 (0) 9 71 - 13 65 65
Fax: +34 (0) 9 71 - 13 60 70
E-Mail: info@dorint.com

Ausstattung:
Pool, Wellness, Golf

Restaurant Mediterranea im Hotel Dorint

Camp de Mar

Was wäre ein großes Haus ohne ein großes Restaurant und ohne den entsprechenden Weinkeller? Zum Glück fehlt es hier an nichts. Eine der seltenen Sommellièren wacht hier über dreihundert Lagen und berät die Gäste im à la carte Mediterranea oder im benachbarten El Mallorquin fachkundig. Ihre Karriere begann in Torrevieja, führte sie dann übers Tristan und Tantris zum Son Net, bis Dorint eröffnete und Christina Pérez Paino hier alles, was sie in den Wanderjahren gelernt hat, den Gästen zugute kommen läßt. Wollen Sie alles über die lokalen Weine erfahren – einfach fragen! Chef Christian Wilke kocht eine elegante, phantasievolle mediterrane Küche, und will man's rustikaler und ganz bodenständig, ißt man nebenan im El Mallorquin.

Restaurant Mediterranea im
Dorint Royal Golfresort & Spa

E-07160 Camp de Mar
Fon: +34 (0) 9 71 - 13 65 65
Fax: +34 (0) 9 71 - 13 60 70
E-Mail: info@dorint.com

Ensalada de langostinos

y mangos envuelta en salmón ahumado irlandés sobra salsa cremosa de aguacate

Zutaten für 4 Personen:

Für den Salat:
200 g (20/30) Tigergarnelen
1 frische Mango
1 1/2 EL Mayonnaise
3 EL Crème fraîche
1 Spickzwiebel
Weißwein
Salz, Pfeffer, Tabasco, Zitronensaft, Dill

Für die Päckchen:
12 schöne Räucherlachsscheiben
12 lange blanchierte Streifen vom Lauch

Für die Avocado-Cremesoße:
2 vollreife Avocado
4 EL Mangosaft
2 EL Zitronensaft
2 EL Crème fraîche
Salz, Tabasco, Zucker

Salat von Tigergarnelen und Mango im irischen Räucherlachsmantel auf einer Avocado-Cremesoße

Tigergarnelen vom Panzer und Kopf befreien, Rückseite öffnen, Darm herauswaschen. In einem Sud aus Wasser, Weißwein, Kräutern, Salz und Zwiebel ca. 2 min pochieren. In kleine Stücke schneiden und kühlstellen. Die kleingewürfelte Mango mit den restlichen Zutaten zu einem kompakten Salat verarbeiten. Jeweils ein EL auf eine Räucherlachsscheibe geben, zu einem Päckchen zusammenschlagen und mit den Lauchstreifen binden. Die pürierte Avocado mit den restlichen Zutaten zu einer cremigen Soße verrühren. Avocadocreme auf die Teller geben, Lachspäckchen im Dreieck anrichten und mit Salat und frischen Kräutern servieren.

Conejo relleno

con col rizada, risotto de trufas y salsa cremosa de jerez

Zutaten für 4 Personen:

4 schöne Kaninchenrücken (vom Fleischer hohl ausgelöst)
1 kleiner Wirsing
50 g geröstete Pinienkerne
200 g italienischer Risottoreis
300 ml Hühnerbrühe
300 ml Sahne
100 ml Weißwein
100 g Butter
3 kleine Schalotten
50 g frisch geriebener Parmesan
30 g Perigord-Trüffel (falls nicht erhältlich durch Thymian ersetzen, schmeckt auch)
400 ml kräftiger Kaninchen- oder Hühnerfond
150 ml Crème fraîche
50 ml Sherry

Spargel, Karotten oder ähnliches Gemüse für die Garnitur

Gefüllter Kaninchenrücken mit Wirsing, Trüffelrisotto und einer Sherry-Creme-Soße

Wirsing in feine Streifen schneiden. Mit 50 g Butter und feingewürfelter Schalotte andünsten, 100 ml Sahne zufügen und zu einer kompakten Masse einkochen. Pinienkerne fein hacken und unter den Wirsing mischen, kalt stellen. Kaninchenrücken mit der Masse füllen, einrollen und mit Küchenband binden. Ca. 14 min bei 170 Grad im vorgeheizten Backofen garen. Feingehackte Schalotten und Reis in 50 g Butter andünsten, mit Hühnerbrühe und Weißwein auffüllen und unter Rühren garen. 100 ml geschlagene Sahne und Parmesan unter das Risotto ziehen. Den gewürfelten Trüffel dazugeben und servieren. Für die Soße Sherry, Crème fraîche und die restliche Sahne auf die Hälfte reduzieren, mit Kaninchenfond auffüllen und auf eine sämige Konsistenz reduzieren. Die Kaninchenrücken in drei Tranchen schneiden und mit dem Risotto, Gemüse nach Gusto und der Soße anrichten. Mit frischem Thymian garnieren.

Jaguar XK150

Gran Hotel Son Net

Puigpunyent

Ein Traum wird wahr – die Royal-Suiten haben ca. 150 qm, die Marmorbäder sind wohnzimmergroß, und am 28 Meter langen Pool liegt die zugehörige Cabaña. Der Blick schweift über die Berge der Tramuntana und man kann gar nicht anders, als in den Luxus und die Verwöhnatmosphäre dieses Hauses zu gleiten und total zu entspannen. Als das Haus vom jetzigen Besitzer erworben wurde, hatte es mal 87 Räume, jetzt sind es 24 Zimmer und Suiten, dazu die gemütlichen Aufenthaltsräume mit erlesenen Antiquitäten. Die Bar liegt unter gotischen Gewölben, das Kaminzimmer lädt zu langen Leseabenden ein, und auf den großen Terrassen betrachtet man den Sternenhimmel. Dazu bellen die Hunde im Tal. Ein ungewöhnliches Haus mit besonderem Flair. Wahrer Luxus hat es eben nicht nötig, dick aufzutragen. Zur Anfahrt empfehle ich die spektakuläre Bergrennstrecke Es Capdella – Es Molins.

Gran Hotel Son Net

E-07194 Puigpunyent
Fon: +34 (0) 971 - 14 70 00
Fax: +34 (0) 971 - 14 70 01
E-Mail: recepcion@sonnet.es
Internet: www.sonnet.es

Öffnungzeiten: immer geöffnet

Preise: 225 bis 700 €

Parken: vor dem Haus

Ausstattung: Pool

138
134
Dorint
190
AUTO BECKER
162
STAR DISTRIBUTION
Balcar
Hapag-Lloyd
ITS
INSPECCIÓN TÉCNICA
7-10 MARZO 2001
162

Restaurant Tafona im Gran Hotel Son Net

Puigpunyent

Dies war einst die größte Tafona, Ölmühle, der Insel, bis ein amerikanischer Geschäftsmann das Haus erwarb, erst eine zeitlang für sich nutzte und dann zum Luxushotel umbauen ließ. In dem riesigen Raum sitzt man dennoch angenehm und bequem, durch die mannshohen Portale fällt das Licht ein, und auf der Terrasse im Sommer genießt man den Blick auf Täler und Hügel, fern vom Meer und dem Gewimmel der Strände. Francois kocht eine leichte mediterrane Küche, die nie langweilig wird. Man kann sich hier lange Zeit zurückziehen, sich von der exzellenten Küche verwöhnen lassen, um sich dann seufzend wieder ins normale Leben zurück zu begeben.

Restaurant
Tafona im Gran Hotel Son Net

E-07194 Puigpunyent
Fon: +34 (0) 971 - 14 70 00
Fax: +34 (0) 971 - 14 70 01
E-Mail: recepcion@sonnet.es

Öffnungszeiten: immer geöffnet

Preise: angemessen teuer

Parken: vor dem Haus

Carpaccio

de thon au pesto

Zutaten für 4 Personen:

600 g Thunfisch

Pesto:
20 g Parmesan
50 g Mandeln
1 Zweig Basilikum
Saft einer 1/2 Zitrone
300 ml Olivenöl

Salz, Pfeffer
1/2 rote Paprikaschote
grüner Spargel
1 Zweig Kerbel

Thunfisch-Carpaccio mit Pesto

Den Thunfisch in feine Scheiben schneiden und zwischen zwei Plastikfolien flach klopfen. Teller mit Butter bestreichen und würzen. Die Thunfisch-Scheiben in die Wölbung des Tellers legen und 1 min unter dem Backofen-Grill backen. Aus geriebenem Parmesan, gehackten Mandeln, kleingeschnittenem Basilikum, Zitronensaft und Olivenöl ein Pesto zubereiten. Jeweils einen Löffel Pesto über den Thunfisch geben und mit kleingewürfeltem rotem Paprika, grünem Spargel und Kerbel dekorieren.

Croustillant

de jambon et artichaut

Zutaten für 4 Personen:

6 kleine Artischocken
1 Zwiebel
2 Zweige Thymian
1 Lorbeerblatt
3 Knoblauchzehen
200 ml Olivenöl
300 ml Weißwein
10 g Puderzucker
Saft einer Zitrone
10 g grobes Salz
250 g Serrano
300 ml Olivenöl
Anis
Saft einer Zitrone
2 Sardellenfilets
Salz, Pfeffer,
Peperoni oder Cayennepfeffer
Salatbukett
Schnittlauch

Knusprige Schinken-Artischocken-Kreation

Artischocken kochen, die Böden herauslösen, mit Zitrone beträufeln. Die in dünne Scheiben geschnittene Zwiebel in Olivenöl anschwitzen. Artischockenböden, Weißwein, Zucker, Zitronensaft, Thymian, Lorbeer, Salz und Knoblauch hinzugeben und zugedeckt 45 min garen und aus 4 Böden ein Püree bereiten, 2 Böden für später beiseitelegen. Den Schinken in feine Scheiben schneiden, auf Pergamentpapier 24 Stunden bei 60 Grad im Ofen backen. Aus Olivenöl, Anis, Zitronensaft und den Gewürzen eine Vinaigrette herstellen, die Sardellen in kleine Stücke schneiden und zugeben. Die zwei beiseitegelegten Artischockenböden in Dreiecke teilen. Etwas Püree in die Mitte der Teller geben, darauf ein Scheibe Schinken, dann wieder mit Püree und Schinken schichten. Die Artischockendreiecke um die Schichten herum plazieren. Zwei Halme Schnittlauch in das Püree stecken, mit einem Salat-Bukett dekorieren und mit der Vinaigrette umgießen.

Carpaccio

de thon au pesto

Zutaten für 4 Personen:

600 g Thunfisch

Pesto:
20 g Parmesan
50 g Mandeln
1 Zweig Basilikum
Saft einer 1/2 Zitrone
300 ml Olivenöl

Salz, Pfeffer
1/2 rote Paprikaschote
grüner Spargel
1 Zweig Kerbel

Thunfisch-Carpaccio mit Pesto

Den Thunfisch in feine Scheiben schneiden und zwischen zwei Plastikfolien flach klopfen. Teller mit Butter bestreichen und würzen. Die Thunfisch-Scheiben in die Wölbung des Tellers legen und 1 min unter dem Backofen-Grill backen. Aus geriebenem Parmesan, gehackten Mandeln, kleingeschnittenem Basilikum, Zitronensaft und Olivenöl ein Pesto zubereiten. Jeweils einen Löffel Pesto über den Thunfisch geben und mit kleingewürfeltem rotem Paprika, grünem Spargel und Kerbel dekorieren.

Croustillant

de jambon et artichaut

Zutaten für 4 Personen:

6 kleine Artischocken
1 Zwiebel
2 Zweige Thymian
1 Lorbeerblatt
3 Knoblauchzehen
200 ml Olivenöl
300 ml Weißwein
10 g Puderzucker
Saft einer Zitrone
10 g grobes Salz
250 g Serrano
300 ml Olivenöl
Anis
Saft einer Zitrone
2 Sardellenfilets
Salz, Pfeffer,
Peperoni oder Cayennepfeffer
Salatbukett
Schnittlauch

Knusprige Schinken-Artischocken-Kreation

Artischocken kochen, die Böden herauslösen, mit Zitrone beträufeln. Die in dünne Scheiben geschnittene Zwiebel in Olivenöl anschwitzen. Artischockenböden, Weißwein, Zucker, Zitronensaft, Thymian, Lorbeer, Salz und Knoblauch hinzugeben und zugedeckt 45 min garen und aus 4 Böden ein Püree bereiten, 2 Böden für später beiseitelegen. Den Schinken in feine Scheiben schneiden, auf Pergamentpapier 24 Stunden bei 00 Grad im Ofen backen. Aus Olivenöl, Anis, Zitronensaft und den Gewürzen eine Vinaigrette herstellen, die Sardellen in kleine Stücke schneiden und zugeben. Die zwei beiseitegelegten Artischockenböden in Dreiecke teilen. Etwas Püree in die Mitte der Teller geben, darauf ein Scheibe Schinken, dann wieder mit Püree und Schinken schichten. Die Artischockendreiecke um die Schichten herum plazieren. Zwei Halme Schnittlauch in das Püree stecken, mit einem Salat-Bukett dekorieren und mit der Vinaigrette umgießen.

Hotel Sa Pedrissa

Deià

Totale Ruhe, dramatische Landschaft, Glöckchen am Halse der Schafe wiegen den Gast in den Schlaf, wobei die Schafe meistens schon vor den Gästen schlafen. In der Konzeption ein Agro-tourismo, aber luxuriös mit einigen schönen Zimmern im Haupthaus, dem spektakulären Turmzimmer und üppigen Suiten in den Gartenhäusern, alles klimatisiert, man denke bitte an die heißen Monate Juli und August. Man kann im Hause nach Anmeldung die leckere mallorquinische Küche der Hausherrin Margalida Morey genießen oder macht kulinarische Ausflüge nach Deià – die Auswahl bieten wir Ihnen auf den nachfolgenden Seiten. Sebastián Artigues führt das Haus mit ruhiger und kundiger Hand – der Gast fühlt sich heimelig und diskret verwöhnt. In der Suite Vistamar lebt man wie im eigenen Landhaus!

Hotel
Sa Pedrissa
Carretera Valldemossa – Deià

E-07179 Deià
Fon: +34 (0) 971 - 63 91 11
Fax: +34 (0) 971 - 63 94 56

Öffnungszeiten:
1. Dezember bis 31. Januar geschlossen

Preise: 125 bis 350 €

Parken: Parkplatz vor dem Haus

Ausstattung: Pool

Restaurant Sebastian

Deià

Was für eine Karriere, vom Nachtwächter im El Olivo zum Spitzenkoch. Sebastian Pasch lernte kochen im El Olivo in Deià, danach führten ihn seine kulinarische Wanderungen über diverse Küchen zurück nach Deià, und er eröffnete sein eigenes Restaurant. Man biegt am Ortseingang links ab und versucht zu parken, geht dann die erste Straße rechts und ist schon da. Eine liebevoll gekochte und originäre Küche ohne Fitütten, Haken und Ösen, serviert von charmanten Mitarbeiterinnen erfreut des Reisenden Herz, und er hat nicht umsonst nur abends geöffnet, denn dann gehört der Ort wieder den Connaisseurs und den Einheimischen, seien es Mallorquin oder die sogenannten Residenten, die, falls sie endlich spanisch lernen würden, bald auch zu Quasi-Eingeborenen werden könnten – aber bis dahin ist es noch weithin. Lassen Sie sich von Sebastian zu vorgerückter Stunde mal einige Anekdoten über Deià und seine Einwohner erzählen.

Restaurant
Sebastian

E-07179 Deià
C/. Felipe Bauzá, s/n
Fon: +34 (0) 971 - 63 94 17

Öffnungszeiten:
Mittwoch geschlossen, sonst nur abends geöffnet
Mitte November bis Mitte Dezember und 6. Januar bis 25. Februar geschlossen

Preise: moderat

Parken: in der Nähe

Filet de San Pedro

con ensalada tibia de patatas y rucolla

Zutaten für 4 Personen:

4 Filets vom San Pièrre à 150 g
500 g in Scheiben geschnittene Pellkartoffeln von neuen kleinen Kartoffeln
4 EL Olivenöl
2 EL Butter
2 EL weißer Balsamico
1 Bund fein geschnittener Ruccola
Salz, Pfeffer

Gebratene Filets vom San Pièrre auf warmem Kartoffel-Ruccola-Salat

Olivenöl und Butter erhitzen, Balsamico hinzufügen und mit Salz und Pfeffer abschmecken. Die Kartoffelscheiben hinzugeben und gut durchschwenken, so daß sie sich erwärmen und mit der gekochten Emulsion eine gute Verbindung eingehen. Zum Abschluß den fein geschnittenen Ruccola darunterziehen und auf die Mitte des Tellers anrichten. Die gesalzenen Fischfilets auf der Hautseite in der Pfanne anbraten, wenden und nach ca. 5 min aus der Pfanne nehmen und auf den warmen Salat setzen.

Tartita caliente

de chocolate y almendras rellena de crema de frambuesas

Zutaten für 4 Personen:

Für den Boden:
200 g fein gehackte Mandeln
200 g fein gehackte Schokocouverture
200 g weiche Butter
200 g Zucker
2 Eigelb
2 geschlagene Eiweiß

Für die Mousse:
100 g geschmolzene Couverture
1 Ei
1 Eigelb
1 geschlagenes Eiweiß
1 EL Tia Maria
1 EL brauner Rum
200 ml geschlagene Sahne

Für die Füllung:
100 ml Sahne
50 g Zucker
5 EL Himbeermark

Mit Himbeersahne gefülltes Schokomoussetörtchen

Mandeln, Couverture, Butter, Zucker und Eigelb zu einer Masse verrühren und zum Abschluß das Eiweiß darunterheben. Im Ofen auf einem geeigneten Backblech die Masse ca. 1 cm hoch verteilen und 15 min bei 180 Grad backen. Anschließend erkalten lassen. Mit Ringen von ca. 7 cm Durchmesser und 4 cm Höhe 4 Böden ausstechen und in den Ringen auf Teller legen. Der Bodenrest darf vernascht werden oder wird zu Kugeln gerollt, in Kokosflocken gewälzt und als Petit Four gereicht. Ei und Eigelb im Schlagkessel mit dem Alkohol zu einem Sabayon schlagen und dann die Couverture hinzufügen. Die Masse kalt rühren und dann die Sahne darunterheben. Zum Schluß das Eiweiß hinzufügen. Sahne, Zucker und Himbeermark gut steif schlagen. Die Mousse zu zwei Dritteln in die Ringe füllen und kurz im Kühlschrank etwas anziehen lassen. Dann die Himbeersahne im Spritzbeutel mit der Tülle in die Mitte der Mousse füllen. Aus den Förmchen nehmen und servieren.

Château
1998
SAUTERNES

123
123

Ferrari 166 MM

Restaurant Es racó d'es Teix

Deià

Kommt man von Süden nach Deià, biegt die zweite Gasse rechts ab im Ortsteil Es racó und parkt nach 100 Metern vorm Restaurant von Josef Sauerschell am Fuße des Berges Teix, dann hat man den Deià-Rummel ganz schnell vergessen. Rummel gilt auch nur mittags, denn abends herrscht hier himmlische Ruhe. Der Chef hat 14 Jahre im El Olivo gekocht und verwöhnt jetzt im eigenen Restaurant seine Gäste mit einer leichten und köstlichen Frischküche mit einheimischen Produkten. Mittags gibt es auch ein leichtes 3-Gang-Menu zu 25,00 Euro mit offenen Weinen. Das Setting ist spektakulär, unten das Meer, im Rücken die steilen Berge der Tramuntana, und fast immer weht ein leichter Wind. Man ißt auf der Terrasse oder in der kalten Jahreszeit im Restaurant – stets eine Reise wert.

Restaurant
Es racó d'es Teix

C/. De sa Vinya Vella, 6
E-07179 Deià
Fon: +34 (0) 971 - 63 95 01

Öffnungszeiten:
Dienstag geschlossen
2. bis 31. Januar geschlossen

Preise: mittel

Parken: mit Glück
vor dem Haus

Lubina al horno

con hinojo y naranjas

Zutaten für 4 Personen:

1 Seewolf 1200 - 1500 g
1 Bund Fenchelkraut
2 Orangen
125 ml Olivenöl

1 Fenchelknolle
1 Zucchini
1 Karotte
2 Schalotten
3 EL Olivenöl
5 cl Pernod
100 ml Orangensaft

Seewolf mit Fenchel und Orangen

Kiemen und Schuppen entfernen. Am Rücken einschneiden, öffnen, Gräte lösen und mit den Innereien zusammen herausnehmen. Den Fisch reinigen, Seitengräten ziehen und trocknen. Das Fenchelkraut in Streifen schneiden, Orangen schälen und in Streifen schneiden, beides in einer Pfanne auslegen, Olivenöl dazugießen und den Seewolf darauf setzen. Das Gemüse in feine Würfel schneiden, in Olivenöl anschwitzen, mit Pernod ablöschen, mit Orangensaft auffüllen und zum Ragout einkochen. Den Seewolf mit dem Fenchelragout bedecken und bei 175 Grad 15 - 20 min im vorgeheizten Ofen garen. Als Beilage reicht man frische Nudeln oder Safranrisotto.

Parfait de almendras

al sabor de romero y albaricoques en vino blanco

Zutaten für 4 Personen:

1 Ei
2 Eigelb
100 g Zucker
2 cl Amaretto
1/2 TL gemahlener Rosmarin
250 ml Sahne
3 Aprikosen
500 ml Weißwein
100 g Butter

Mandelparfait mit Rosmarin und Aprikosen

Eier, Zucker, Amaretto und Rosmarin zusammen zu einem Sabayon aufschlagen, erkalten lassen und die geschlagene Sahne unterheben. In eine Form füllen und 24 Stunden gefrieren lassen. Aprikosen halbieren, entkernen und in Weißwein mit Zucker blanchieren. Herausnehmen, die Haut abziehen und den Fond auf 1/8 l reduzieren. Nun die frische Butter einmontieren und mit den Aprikosen vermischen. Das gefrorene Parfait in Scheiben schneiden und mit der Aprikosenmasse servieren.

Lubina al horno

con hinojo y naranjas

Zutaten für 4 Personen:

1 Seewolf 1200 - 1500g
1 Bund Fenchelkraut
2 Orangen
125ml Olivenöl

1 Fenchelknolle
1 Zucchini
1 Karotte
2 Schalotten
3 EL Olivenöl
5cl Pernod
100ml Orangensaft

Seewolf mit Fenchel und Orangen

Kiemen und Schuppen entfernen. Am Rücken einschneiden, öffnen, Gräte lösen und mit den Innereien zusammen herausnehmen. Den Fisch reinigen, Seitengräten ziehen und trocknen. Das Fenchelkraut in Streifen schneiden, Orangen schälen und in Streifen schneiden, beides in einer Pfanne auslegen, Olivenöl dazugießen und den Seewolf darauf setzen. Das Gemüse in feine Würfel schneiden, in Olivenöl anschwitzen, mit Pernod ablöschen, mit Orangensaft auffüllen und zum Ragout einkochen. Den Seewolf mit dem Fenchelragout bedecken und bei 175 Grad 15 - 20 min im vorgeheizten Ofen garen. Als Beilage reicht man frische Nudeln oder Safranrisotto.

Parfait de almendras

al sabor de romero y albaricoques en vino blanco

Zutaten für 4 Personen:

1 Ei
2 Eigelb
100g Zucker
2cl Amaretto
1/2 TL gemahlener Rosmarin
250ml Sahne
3 Aprikosen
500ml Weißwein
100g Butter

Mandelparfait mit Rosmarin und Aprikosen

Eier, Zucker, Amaretto und Rosmarin zusammen zu einem Sabayon aufschlagen, erkalten lassen und die geschlagene Sahne unterheben. In eine Form füllen und 24 Stunden gefrieren lassen. Aprikosen halbieren, entkernen und in Weißwein mit Zucker blanchieren. Herausnehmen, die Haut abziehen und den Fond auf 1/8l reduzieren. Nun die frische Butter einmontieren und mit den Aprikosen vermischen. Das gefrorene Parfait in Scheiben schneiden und mit der Aprikosenmasse servieren.

Austin Healey 100

Hotel La Residencia

Deià

Wie der Name schon sagt, eine wahre Residenz und eine weitere Ausnahme von unserer Regel, die kleineren Häuser zu bevorzugen. Man muß hier einfach gewesen sein! Ein Luxushotel über den Dächern von Deià, einst ein Künstlerdorf, heute leider tagsüber von den unvermeidlichen Strömen von Schaulustigen bevölkert, aber wenn der letzte Bus oder Corsa weg ist, kommt der alte Zauber zum Vorschein. Das Residencia und seine Gäste läßt der Rummel gänzlich unberührt, Pool, Tennis und Fitness kompensieren die köstlichen Genüsse des Restaurants El Olivo oder der beiden Restaurants, die wir auf den vorstehenden Seiten vorstellen, und die von ehemaligen Chefs des El Olivo betrieben werden. Der Blick auf die felsige Steilküste ist unvergleichlich, und das Hotel, bestehend aus vier Gebäuden aus dem 16. bis 18. Jahrhundert, atmet eine luxuriöse und doch ländliche Atmosphäre aus.

Hotel
La Residencia

E-07179 Deià
Fon: +34 (0) 971 - 63 90 11
Fax: +34 (0) 971 - 63 93 70
E-Mail: laresidencia@
hotel-laresidencia.com

Öffnungszeiten:
immer geöffnet

Preise: 275 bis 1000 €

Parken: Parkplatz vor dem Haus

Ausstattung: Pool, Tennis, Fitness

Ferrari 250 SWB

Restaurant
El Olivo im La Residencia

Deià

Ein Chef, geboren in Sóller, sozusagen um die Ecke, kocht im El Olivo im Hause La Residencia. Im Sommer ißt man auch im Freien auf der schönen Terrasse, im Restaurant selber genießt man den imposanten hohen Raum mit dunkler Balkendecke und die exzellente Küche von Guillermo Méndez. Abends wird der Raum von hunderten von Kerzen beleuchtet, eine höchst romantische Atmosphäre. Der Service ist impeccable, die Weinliste umfangreich und die Küche leicht und von höchster Güte. Hier wird wieder mallorquin gekocht mit insularen Zutaten, aber auf Gourmetlevel, ein höchst eindrucksvolles Experiment, das bestens gelingt.

Restaurant
El Olivo im La Residencia

Carrer Son Canals
E-07179 Deià
Fon: +34 (0) 971 - 63 90 11
Fax: +34 (0) 971 - 63 93 70
E-Mail: laresidencia@
hotel-laresidencia.com

Öffnungszeiten: immer geöffnet

Preise: angemessen teuer

Parken: vor dem Haus

Pera de foiegras con jamon

de jabugo, milhojas de membrillo y brioche de trufas

Zutaten für 4 Personen:

400 g Gänsestopfleber
30 g alter Balsamico
2 Äpfel
200 g Jabugoschinken
100 g Quittenkompott
Salz, Pfeffer

Für die Brioche:
50 g Hefe
20 ml Milch
4 Eier
40 g Salz
30 g Mehl
150 g Butter
100 g Trüffel, gehackt

Gänseleberbirnen mit Jabugoschinken, Quittentörtchen und Trüffelbrioche

Gänseleber würzen und im Ofen 15 min bei 65 Grad backen, danach im Kühlschrank abkühlen. Mit einem Eislöffel zu Birnen formen, mit dem Schinken umwickeln und kühl beiseitestellen. Die geschälten und entkernten ganzen Äpfel in feine Scheiben schneiden und 6 Stunden auf einer warmen Platte trocknen, bis sie knusprig sind. Die Zutaten für die Brioche zu einem Teig mischen, 20 min gehen lassen, danach durchkneten und in kleine Biocheformen füllen. Im Backofen bei 190 Grad 15 min backen. Auf den Tellern abwechselnd Apfelscheiben und Quittenkompott turmförmig anrichten. Die Gänseleberbirnen sowie ein Brioche dazugeben.

Carre de cordero

con costra de aceitunas

Zutaten für 4 Personen:

2 Lammcarrées
200 g Pilze der Saison
8 kleine Möhren
300 g blaue Kartoffeln
200 g Broccoli

Für die Soße:
500 g Lammknochen
1 Möhre
1 Porréestange
1 Zwiebel
20 g Tomatenmark
2 Knoblauchzehen
2 Lorbeerblätter
weißer Pfeffer
500 ml Rotwein

Für die Kruste:
200 g Paniermehl
100 g grüne Oliven
100 g schwarze Oliven
2 Knoblauchzehen
2 Schalotten
Rosmarin
Petersilie
Olivenöl

Lammcarrée mit Olivenkruste

Die Lammknochen im Ofen bei 200 Grad für 2 Stunden rösten. Danach zusammen mit den Gemüsen in einem Kochtopf in Olivenöl 10 min dünsten, Tomatenmark hinzugeben und weitere 10 min schmoren. Mit Rotwein ablöschen, Wasser hinzufügen und 6 – 8 Stunden einkochen lassen. Durch ein feines Sieb passieren, würzen und, wenn nötig, mit ein wenig Stärke eindicken.

Die Lammcarrées in der Pfanne scharf anbraten, dann im Ofen fertig garen und in Folie gewickelt beiseitestellen.

Für die Kruste: Schalotten, Rosmarin und Knoblauch kleingehackt in Olivenöl 3 min anbraten. Oliven klein hacken und mit Paniermehl und den übrigen Zutaten vermengen. Die Lammcarrées mit der Mischung überziehen und im Ofen unter dem Grill gratinieren. Petersilie darüber streuen. Mit Soße, Kartoffeln, Broccoli und Pilzen servieren.

Pera de foiegras con jamon

de jabugo, milhojas de membrillo y brioche de trufas

Zutaten für 4 Personen:

400g Gänsestopfleber
30g alter Balsamico
2 Äpfel
200g Jabugoschinken
100g Quittenkompott
Salz, Pfeffer

Für die Brioche:

50g Hefe
20ml Milch
4 Eier
40g Salz
30g Mehl
150g Butter
100g Trüffel, gehackt

Gänseleberbirnen mit Jabugoschinken, Quittentörtchen und Trüffelbrioche

Gänseleber würzen und im Ofen 15 min bei 65 Grad backen, danach im Kühlschrank abkühlen. Mit einem Eislöffel zu Birnen formen, mit dem Schinken umwickeln und kühl beiseitestellen. Die geschälten und entkernten ganzen Äpfel in feine Scheiben schneiden und 6 Stunden auf einer warmen Platte trocknen, bis sie knusprig sind. Die Zutaten für die Brioche zu einem Teig mischen, 20 min gehen lassen, danach durchkneten und in kleine Briocheformen füllen. Im Backofen bei 190 Grad 15 min backen. Auf den Tellern abwechselnd Apfelscheiben und Quittenkompott turmförmig anrichten. Die Gänseleberbirnen sowie ein Brioche dazugeben.

Carre de cordero

con costra de aceitunas

Zutaten für 4 Personen:

2 Lammcarrées
200g Pilze der Saison
8 kleine Möhren
300g blaue Kartoffeln
200g Broccoli

Für die Soße:

500g Lammknochen
1 Möhre
1 Porréestange
1 Zwiebel
20g Tomatenmark
2 Knoblauchzehen
2 Lorbeerblätter
weißer Pfeffer
500ml Rotwein

Für die Kruste:

200g Paniermehl
100g grüne Oliven
100g schwarze Oliven
2 Knoblauchzehen
2 Schalotten
Rosmarin
Petersilie
Olivenöl

Lammcarrée mit Olivenkruste

Die Lammknochen im Ofen bei 200 Grad für 2 Stunden rösten. Danach zusammen mit den Gemüsen in einem Kochtopf in Olivenöl 10 min dünsten, Tomatenmark hinzugeben und weitere 10 min schmoren. Mit Rotwein ablöschen, Wasser hinzufügen und 6 – 8 Stunden einkochen lassen. Durch ein feines Sieb passieren, würzen und, wenn nötig, mit ein wenig Stärke eindicken.

Die Lammcarrées in der Pfanne scharf anbraten, dann im Ofen fertig garen und in Folie gewickelt beiseitestellen.

Für die Kruste: Schalotten, Rosmarin und Knoblauch kleingehackt in Olivenöl 3 min anbraten. Oliven klein hacken und mit Paniermehl und den übrigen Zutaten vermengen. Die Lammcarrées mit der Mischung überziehen und im Ofen unter dem Grill gratinieren. Petersilie darüber streuen. Mit Soße, Kartoffeln, Broccoli und Pilzen servieren.

Rotllan Torra
D.O. Priorat

Hotel Ca's Xorc

Sóller

Ca. 3 km vor Sóller, von Deià kommend, biegt man am Kilometerstein 56,1 rechts ab, fährt einen steilen Serpentinenweg hoch und gelangt am Ende zum Ca's Xorc. Ein stattliches ehemaliges Herrenhaus und Ölmühle (was auch sonst), mitten in der Montaña mit herrlichem Blick auf Puerto Sóller und das Meer. Die Gattin des Besitzers hat das Haus mit erlesenem Geschmack dekoriert und eingerichtet. Umgeben von Palmen, Orangen- und Zitronenhainen wohnt und speist der Gast in Ruhe, genießt die exquisiten Wohnbereiche, die kleine Bibliothek, die große Terrasse. In der kalten Jahreszeit brennen die Kamine, und falls man sich losreißen kann – der nächste Golfplatz ist nur 15 min entfernt, und das hauseigene Fischerboot wartet in Puerto Sóller.

Hotel
Ca's Xorc

Carretera de Deià, km 56,1
E-07100 Sóller
Fon: +34 (0) 971- 63 82 80
Fax: +34 (0) 971 - 63 29 49
E-Mail: stay@casxorc.com
Internet: www.casxorc.com

Öffnungszeiten: immer geöffnet

Preise: 175 bis 240 €

Parken: neben dem Haus

Ausstattung: Pool, Fischerboot

Restaurant Ca's Xorc

Sóller

Hier wirken Christer und Dorothea unter der behutsamen Mitwirkung von Eckhart Witzigmann. Das Haus bietet ein Table d'Hôtes, wie so oft in Frankreich zu finden und in unserem Tour-Auto-Buch beschrieben. Es gibt keine Speisekarte, die Gerichte wechseln täglich, und an der offenen Durchreiche zur Küche kommuniziert der Gast seine speziellen Wünsche zum Frühstück, die auch prompt erfüllt werden. Very relaxed und außerordentlich lecker. Das selbstgebackene Brot und die umwerfende Olivenpaste sind eine Mahlzeit für sich. Im Sommer auf der Terrasse, im Winter in der liebevoll restaurierten alten Ölmühle fühlt sich der Gast behaglich und liebevoll umsorgt.

Restaurant
Ca's Xorc

Carretera de Deià, km 56,1
E-07100 Sóller
Fon: +34 (0) 971 - 63 82 80
Fax: +34 (0) 971 - 63 29 49
E-Mail: stay@casxorc.com
Internet: www.casxorc.com

Öffnungszeiten: immer geöffnet

Preise: moderat

Cap roig

y gambas en fondo de bouillabesa

Zutaten für 4 Personen:

Krustentier-Fisch-Fond:
1 kleiner Taschenkrebs
100 g Gambascarcassen
Carcasse vom Rascasse
4 Schalotten, gewürfelt
1/4 Zwiebel, gewürfelt
1 EL Tomatenmark
1 EL Tomatenketchup
2 Tomaten aus der Dose
Butter, Olivenöl, Weißwein
1,5 l Eiswasser

Bouillabaissefond:
80 g Karotten
60 g Staudensellerie
100 g Fenchel, 100 g Lauch
25 g Knoblauch, feingehackt
1 kleine, mehlige Kartoffel
1,5 kg Rascasse, filetiert à ca. 100 g
400 g Gambas
1 brauner Würfelzucker
1/2 TL englischer Curry
4 Tomatenfilets gewürfelt
4 frische Safranfäden
20 ml Noilly Prat
30 ml trockener Weißwein
20 ml Pernod
Dill, Petersilie, Basilikum
Olivenöl, Salz
2 EL Zitronensaft

Rascasse und Gambas im Bouillabaissefond

Gambascarcassen und Taschenkrebs in Olivenöl rösten, die übrigen Zutaten mitrösten, mit Weißwein ablöschen und reduzieren. Die Rascassecarcassen dazugeben und mit Eiswasser auffüllen, aufkochen und immer wieder abschäumen. 2 Stunden ziehen lassen, passieren und erkalten lassen. Würfelzucker, Knoblauch, Curry, Safran und Tomaten in Olivenöl anschwitzen, Gemüse in Streifen schneiden und dazugeben, anrösten, die Kartoffel hineinreiben und umrühren. Mit Noilly Prat und Weißwein auf die Hälfte reduzieren. Salzen, mit Krustentierfond auffüllen, aufkochen lassen und sofort vom Herd nehmen. Rascassefilets und Gambas mit Salz, Olivenöl und Zitronensaft würzen und auf beiden Seiten kurz anbraten. Die Hautseite des Rascasse salzen. Den Bouillabaissefond in tiefe Teller geben und mit Rascassefilets, Gambas, Dill, Petersilie und Basilikum servieren.

Pan casero

y tapenade de olivas

Zutaten für 4 Personen:

Hausbrot:
17 g Hefe
20 g Meersalz
375 ml lauwarmes Wasser
50 ml Olivenöl
500 g Mehl

Olivenpaste:
50 g Schalotten
1 Rosmarinzweig
1 Thymianzweig
350 g schwarze Oliven ohne Stein in der Lake
Salz, Pfeffer, Honig, Balsamico

Hausbrot und Olivenpaste

Wasser, Öl, Hefe und Salz vermischen und Mehl mit der Hand unterrühren, bis keine Klumpen mehr vorhanden sind. Zugedeckt 2 Stunden gehen lassen. Eine Auflaufform mit Backpapier auslegen und den Teig in die Form fließen lassen. Etwas Salz und Öl darübergeben und 20 min bei 220 Grad, dann 60 min bei 170 Grad backen, aus der Form nehmen, umdrehen und nochmals 20 min bei 170 Grad backen. Zur Garprobe auf den Boden des Brotes klopfen. Es ist fertig, wenn es hohl klingt. Schalotten mit Rosmarin und Thymian weichschmoren, Zweige herausnehmen und die Schalotten und Oliven durch die mittlere Scheibe des Fleischwolfes lassen. Die Masse mit Salz, Pfeffer, Honig, Balsamico und Öl abschmecken.

Hotel Ca's Puers

Sóller

Sóller, eingebettet in die grauen Felswände des Tramuntanagebirges, ist ein außerordentlich reizvoller Ort. Hier endet die Bahnlinie Palma – Sóller, hier beginnt die Tramlinie Sóller – Puerto Sóller, und beide Fahrten sollte man sich unbedingt gönnen. Mitten in der Stadt liegt ein altes Palais, jahrelang unbewohnt, dann behutsam zum Hotel/Restaurant umgestaltet. Das Haus hat 6 Zimmer mit antikem Mobiliar und hervorragenden Betten. Wir persönlich wohnen am liebsten im Esmeralda, denn hier kann man, in der Badewanne sitzend, das Treiben auf dem Bahnhofsgelände wie bei einer zu groß geratenen Spielzeugeisenbahn beobachten – stundenlang. Zum Entladen des Gepäcks fährt man einfach vor, und der Wagen wird danach in der Nähe geparkt. Dies Haus allein ist eine Reise wert!

Hotel
Ca's Puers

Carrer Isabell II, 39
E- 07100 Sóller
Fon: +34 (0) 971 - 63 80 04
Fax: +34 (0) 971 - 63 04 29
E-Mail: stay@caspuers.com
Internet: www.caspuers.com

Öffnungszeiten:
ab dem 30. November
und ab Anfang Januar für jeweils
drei Wochen geschlossen

Preise: 125 bis 300 €
Parken: Entladen vor dem Haus,
in der Nähe parken

Restaurant Ca's Puers

Sóller

Jahrelang gab es nur wenige Anlaufpunkte auf der Insel für den wahren Genießer. Jetzt hat sich die Lage endlich gebessert. Was Roland Trettl, den es aus Südtirol vom Ritten oberhalb von Bozen auf die Insel trieb, hier bietet, ist ganz große Küche. Er ist ein Koch-Maniac, und sein Guru ist Eckart Witzigmann, der regelmäßig kommt und mit Roland und Chris vom Ca's Xorc die neuesten Kreationen diskutiert. Reservieren, hingehen und den Himmel auf Erden erleben, die Räume mit getäfelten Wänden im alten Herrenhaus oder den Wintergarten oder den großen Garten, an dem der Wildbach rauscht, alles in ein Blumenmeer getaucht. Erlesene Weine, ein sehr persönlicher Service durch Maître Marco di Loreto und seine Crew. Speisen, Schmecken, Fühlen sind hier die Devise. Am liebsten würde Roland Trettl für jeden Gast etwas Neues, Einmaliges, Individuelles kreieren.

Restaurant
Ca's Puers

Carrer Isabell II, 39
E-07100 Sóller
Fon: +34 (0) 971 - 63 80 04
Fax: +34 (0) 971 - 63 04 29
E-Mail: stay@caspuers.com
Internet: www.caspuers.com

Öffnungszeiten:
ab dem 30. November
und ab Anfang Januar für jeweils
drei Wochen geschlossen

Preise: angemessen hoch

Parken: Parkplätze in der
Umgebung suchen und laufen

Ensalada de gambas

y calamares con rillete de conejo

Zutaten für 4 Personen:

500 g frische Gambas
300 g Calamari, geputzt

Für das Rilette:
I:
1 mittelgroße Aubergine, ungeschält und in Stücke geschnitten
4 Basilikumblätter, 1/2 Knoblauchzehe, 4 grüne und 4 schwarze Oliven, 1 Sardellenfilet, 3 große Kapern, 20 ml Balsamico alt, 15 ml Rotweinessig, 60 ml Olivenöl, Salz, Pfeffer

II:
2 Kaninchenkeulen, 40 g Sellerie, 60 g Zwiebel, 1 Thymianzweig, 70 ml Weißwein, 1 Knoblauchzehe, 100 ml Wasser, Salz, Pfeffer

Weitere Zutaten:
2 mittelgroße Zucchini,
1 Fenchelknolle,
10 g grüne Oliven fein geschnitten,
2 g Sardellen gehackt,
2 g Kapern gehackt, Salz, Pfeffer,
Olivenöl, Zitronensaft

Salat von Gambas und Calamari mit Kaninchen-Auberginen-Rilette

I: in einer feuerfesten Form abgedeckt bei 200 Grad im Ofen ca. 1 Stunde schmoren, abkühlen und fein hacken. II: Keulen anbraten, Gemüse und Knoblauch mitbraten und würzen. Mit Weißwein und Wasser ablöschen und bei schwacher Hitze weichschmoren. 100 g der Keulen fein zupfen, mit 100 g Auberginenmasse (I), 20 ml Schmorfond, Oliven, Sardellen, Kapern, Salz, Pfeffer und Olivenöl mischen. Fertig ist das Rilette! Zucchini in Olivenöl anbraten und würzen. Fenchel mit Olivenöl, Zitronensaft, Salz und Pfeffer marinieren. Calamari längs vierteln, 1/2 min in Olivenöl braten und in der heißen Pfanne lassen. Gambas anbraten, salzen und beides auf dem Zucchini-Fenchelgemüse anrichten. Mit Basilikum und Olivenöl würzen. Rilette auf Weißbrotcroutons zum Salat servieren.

Estofado de cochinillo

y pulpo con alcachofas

Zutaten für 4 Personen:

1 Spanferkelkeule ca. 1 kg
80 g Olivenöl
I:
40 g Zwiebel, 250 g Selleriestangen, 100 g Karotten, 300 g Tomaten, 30 g Speck, 1 Knoblauchknolle, Salz, Pfeffer
II:
3 Lorbeerblätter, 3 Rosmarinzweige, 15 Pfefferkörner, 5 Wacholderkörner, 15 g Meersalz
III:
300 ml Weißwein, 100 ml Noilly Prat, 50 ml weißer Portwein, 150 ml Fond blanc
IV:
1 Oktopus ca. 600 g, 80 g Selleriestange, 100 g Zwiebel, 2 Lorbeerblätter, 10 Pfefferkörner, 2 Knoblauchzehen, Salz
Weitere Zutaten:
4 mittelgroße Artischocken
3 Topinambur, 80 g Schalotten
50 g Bauchspeck, 8 Tomaten
Basilikum, Petersilie
60 g Saubohnen, gekocht
Salz, Pfeffer, Balsamico

Gröstel vom Spanferkel und Oktopus mit Artischocken

I klein schneiden und in Olivenöl angehen lassen und II dazugeben. Nun die Keule auf das Gemüse legen, mit III aufgießen und abgedeckt ca. 2 Stunden langsam schmoren. Nach einer Stunde IV in ca. 2 Liter kochendes Wasser geben und den Oktopus darin ca. 1 Stunde weichkochen. Nun Spanferkelkeule und Oktopus herausnehmen, entbeinen und 450 g Ferkel und 400 g Oktopus in größere Stücke schneiden. Die Artischocken putzen und vierteln, Topinambur in Scheiben schneiden. Schalotten und Bauchspeck in Streifen schneiden, Tomaten häuten, entkernen und in Spalten schneiden. Alles einzeln anbraten, mischen. Saubohnen dazugeben und mit 250 ml Schmorfond aufgießen. Gehackte Petersilie und Basilikum hinzugeben. Mit Salz, Pfeffer und Balsamico abschmecken.

Jaguar MK IX
Mercedes 300 S

71
26
8
32

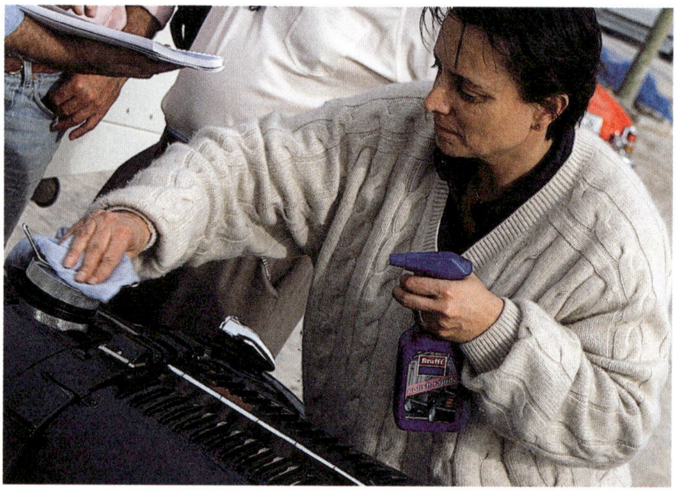

Banco Inversión

134
123

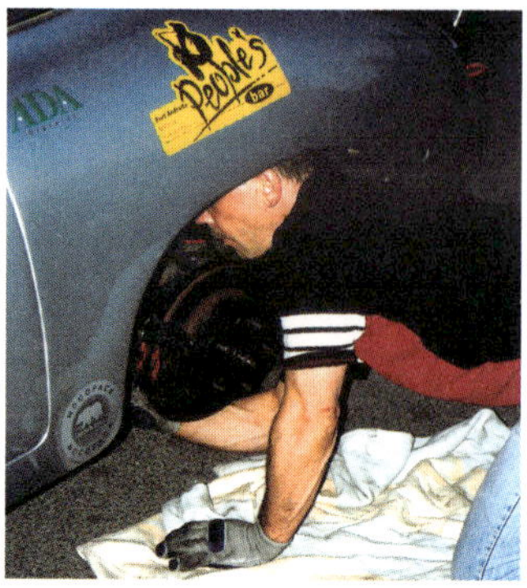

PORSCHE
81
BM PR906H

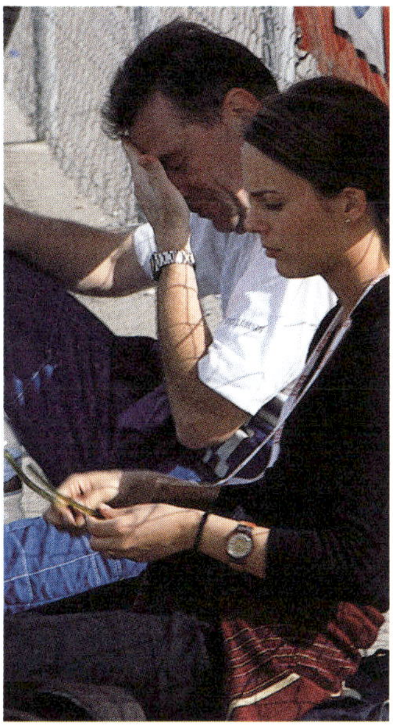

Restaurant Bens D'Avall

Sóller

Man sieht, an dieser Küste knubbeln sich die guten Gastronomen. Benito Vicens reiht sich eindrucksvoll ein in die Reihen derer von Deià bis Sóller. Seine Wanderjahre führten ihn über Bocuse, Troisgros und Gérard zurück an die malerische Westküste. Hier liegt sein Restaurant an einer kleinen Stichstraße ans Meer, abzweigend von der Straße Deià – Sóller und gut beschildert, direkt über den Klippen, unten rauscht die See, oben der dichte Wald, und in der Küche werden wunderbare Gerichte gezaubert. Die mallorquinische Variante von Surf and Turf gibt's bei Benito als Kaninchen mit Hummer, und seine Suppenkugeln, heiß und kalt, lassen so manchen Gast angenehm erschauern. Lassen Sie sich einfach überraschen! Im Winter veranstaltet Benito Vicens Kochkurse an 5 Wochenenden zum Preis von 230,00 Euro. Am ersten Tag werden klassische Gerichte bereitet, am zweiten Tag wird mallorquin gekocht und danach alles aufgegessen!

Restaurant
Bens d'Avall

Urbanisación Costa de Deià
an der Straße Sóller – Deià,
ausgeschildert
Fon: +34 (0) 971 - 63 23 81

Öffnungszeiten:
Juli und August nur Montag geschlossen, 1. März bis Allerheiligen Sonntag abend und Montag geschlossen, Allerheiligen bis März ganz geschlossen.

Preise: angemessen mittel

Parken: vor dem Haus

Carpaccio

de gambas

Zutaten für 4 Personen:

400 g Gambas
100 ml Olivenöl
1 Zitrone
Oregano, Estragon
Zitronenmelisse
Kerbel, Sauerampfer, Kresse
Salz, Pfeffer
8 Champignons
250 g Radiccio
Parmesan

Pesto:
Knoblauch
Petersilie
Olivenöl
Parmesan
Pinienkerne

Gambacarpaccio

Die Gambas kochen, schälen und in Scheiben schneiden. Zwischen zwei Platten flachdrücken und abkühlen lassen. Nun mit den Kräutern, Salz und Pfeffer würzen, Olivenöl und einige Spritzer Zitrone darübergeben. Die Zutaten fürs Pesto im Mörser zerkleinern und Olivenöl zugeben, bis eine homogene Masse entstanden ist. Radiccio und Champignons grob hacken und mit dem Pesto vermischen. Auf den Tellern zuerst eine Lage Gambas anrichten, dann in der Mitte die Salat-Pesto-Mischung dekorieren und mit einer Parmesanscheibe toppen. Den Rand mit Kräutern und leicht gerösteten Pinienkernen bestreuen.

Porcella mallorquina

en texturas con ensalada y patatas

Zutaten für 4 Personen:

1/2 Spanferkel, 6-8 kg
1 Kopfsalat
12 kleine Kartoffeln
12 Pilze
Kräuteröl
3 schwarze Trüffel
englischer Frühstücksspeck

Für die Farce:
1 Möhre
1 Zucchini
1 Schalotte
1 Sellerieknolle
Petersilie, Oregano, Estragon, Thymian

Für die Soße:
1 Lauchstange
1 Möhre
1 Handvoll Kräuter
1 Zwiebel
12 schwarze Pfefferkörner
Salz
ca. 10 g Agar-Agar

Mallorquinisches Spanferkel mit Salat und Kartoffeln

Von dem Spanferkel den Kopf, den Hals, die Haut sowie die Hinter- und Vorderläufe entfernen. Den Rücken zwei Tage lang in Kräuteröl und Trüffelstücken marinieren, danach rosa anbraten. Die Haut in gesalzenem Wasser kochen, auspressen und bei 100 Grad zwei Stunden lang im Ofen trocknen. Danach in siedendem Öl knusprig und goldbraun braten. Mit dem Fett und dem mageren Fleisch der Läufe eine Farce mit gehackten Trüffeln, gehacktem Gemüse und den Kräutern zubereiten. Die Mischung in Pergamentpapier wickeln und bei 220 Grad 8 Minuten im Ofen rösten. Die restlichen Teile des Ferkels in kleine Würfel schneiden und mit dem Gemüse zusammen kochen, durch ein Sieb passieren und 6 g Agar-Agar pro Liter hinzufügen und zur Soße einkochen. Kartoffeln, Kopfsalat und Pilze mit englischem Frühstücksspeck sautieren und einige Minuten ziehen lassen. Den Rücken in Scheiben schneiden, mit der Farce bedecken, mit der Soße übergießen, mit knuspriger Haut, Salat, Pilzen, Speck und Kartoffeln als Beilage servieren.

WP / SS 1, Start
COLL DE SA CREU
WP / SS2 ES CAPDELLA
PUIGPUNYENT
Grand Hotel Son Net
PAUSE
DEIA
SOLLER
BUNYOLA
WP / SS3 COLL DE HONO
ORIENT
ALARO
PALMA
PALMA PORTO
ZK/TC 1 Gènova
ZK/TC 2 Es Capdellá
Troféo Baleares Clásico del Automóvil
Richtung / Direction
Information
Start WP/SS 1
Coll des sa Creu
Base General Asensio
Ziel/Finish
WP/SS 1
STOP

sparco

34
ITS
57H

Restaurant Koldo Royo

Palma

Zurück von unserer ersten Reise in Palma, geht's am Abend zu Koldo! Ohne Zweifel der flamboyanteste Wirt der Insel. Koldo, der schon das Porto Pi zu kulinarischen Höhen geführt hatte, kocht eine kreative spanische Küche in baskischer Tradition. Man betritt das Lokal, am Paseo Maritimo gelegen, durch die attraktive Bar, speist im ersten Stock mit Blick auf den Hafen. Der Service ist perfekt, das Publikum international – hier wird Palma zur Großstadt, und die Speisekarte überrascht mit immer neuen Creationen, die Koldo auch regelmäßig im Fernsehen vorstellt. Man sollte unbedingt reservieren und sich die Zeit nehmen, Koldos neueste Gerichte zu probieren. Die Weinkarte überrascht mit moderaten Preisen köstlicher lokaler- und Festlandsweine. Das Degustationsmenu wechselt alle zwei Wochen.

Restaurant
Koldo Royo

Carrer Ingeniero Gabriel Roca, 3
(Paseo Maritimo)
E-07012 Palma
Fon: +34 (0) 971 - 73 24 35
Fax: +34 (0) 971 - 73 86 47

Öffnungszeiten:
Sonntag geschlossen

Preise: angemessen hoch

Parken: in der Nähe am
Paseo Maritimo

Cordornices rellenas

de foie de pato y petalos de rosa

Zutaten für 4 Personen:

Wachteln gefüllt mit Entenleber und Rosenblättern
8 Wachteln
200 g Entenleber
Pergamentpapier
24 Rosenblätter
Salz
Pfeffer
250 ml Rotwein
Honig

Für die Soße:
grüne Teeblätter
500 ml Rotwein
100 ml Cognac
1 kleine Zwiebel
Thymian
1 Knoblauchzehe
1 kleine Möhre
1 Lauchstange
(nur der grüne Teil)
1 Selleriestange
1 reife Tomate
Wasser
2 EL Mehl
Kartoffeln
Salz

Wachteln gefüllt mit Entenleber und Rosenblättern

Die Wachteln entbeinen. Von den Keulen jeweils den großen Knochen entfernen, mit einem Zahnstocher verstärken, in Rotwein und Honig 5 min kochen und beiseitestellen. Die Brüstchen mit Salz und Pfeffer würzen. Die Entenleber in 4 Stücke zerteilen und mit Rosenblättern umhüllen. Vier Wachtelbrüstchen mit der in Rosenblätter gehüllten Entenleber füllen und mit einer weiteren Brust bedecken. Einzeln in Pergamentpapier wickeln und in eine Kasserolle legen. Mit Olivenöl beträufeln und etwa 10 min im Ofen schmoren. Für die Soße aus den Carcassen und den übrigen Zutaten einen kräftigen Geflügelfond zubereiten und die Teeblätter hinzufügen. Danach die Keulen scharf anbraten. In die Mitte der Teller die Wachtelbrüstchen geben, mit den Keulen umlegen, mit der Soße übergießen und mit gebratenen Kartoffeln und Rosenblättern servieren.

Bizcocho de almendras

con helado de almendras

Zutaten für 4 Personen:

Für das Biskuit:
500 g gemahlene Mandeln
500 g Zucker, 8 Eier
1 TL Backpulver
1 TL gemahlener Zimt
die geriebene Schale
einer Zitrone
Für das Eis:
200 g Zucker
200 g geröstete Mandeln
1 l Milch, 8 Eidotter
10 g Gelatine
Für die Mandelmilch:
200 g Mandelmus
400 ml flüssige Sahne
300 ml Milch
2 TL Johannisbrotsirup
Für das Amaretto-Gelee:
600 ml Amaretto
300 ml Wasser, 5 Gelatineblätter
Für die Mandelziegel:
500 g weiche Butter
700 g glasierter Zucker
500 g Mandelmehl

Süßmandeln
Mandelblüte

Mandelbiskuit mit Mandeleis

Die gemahlenen Mandeln, den Zucker, das Backpulver, die Eidotter, den Zimt und die Zitronenschale vermischen. Das Eiweiß steif schlagen, vorsichtig unter die Masse heben und im vorgeheizten Ofen bei 180 Grad 20 min backen. Aus der Milch und den Eidottern eine Creme zubereiten und im warmen Zustand die aufgelöste Gelatine hinzufügen. Die Mandeln mit dem Zucker fein mahlen, zu der Creme hinzufügen, vermischen, abkühlen lassen und tiefgefrieren. Die Zutaten gut vermischen und gekühlt aufbewahren. Die Gelatineblätter einweichen und in heißem Wasser auflösen, Amaretto hinzugeben und gekühlt ruhenlassen. Die Zutaten zu einem Teig vermengen und zwischen zwei Blättern Backpapier ausstreichen. Im vorgeheizten Ofen bei 180 Grad goldbraun backen und kühl aufbewahren. Biskuit, Amaretto-Gelee und Eis mit dem Mandelziegel und einer Mandelblüte dekorieren (siehe Bild links).

Koldo Royo

Porsche 550 A Spyder

Hotel Arabella Sheraton Son Vida

Palma

Zu Beginn unserer zweiten Reise legen wir einen Erhol- und Beautytag im Arabella ein. An sich sind wir nicht so für die größeren Kästen, aber dieses Haus ist so schön, so exzellent geführt und bei aller Größe so intim, daß es unbedingt in dieses Buch gehört. „This is Golfers Heaven", das Haus liegt inmitten der Plätze von Son Vida, und man ist nur 5 km von Palmas Zentrum entfernt. Das Hotel hat 93 elegante Zimmer und Suiten mit allem Komfort auf nur zwei Geschosse verteilt im Stil eines großen spanischen Herrensitzes. Es bietet zwei Restaurants, zahlreiche Terrassen und einen üppigen Spa- und Healthbereich. Hier kann man sich rundherum in diskretem Luxus und in aller Ruhe verwöhnen lassen. Oberhalb liegt das alte Hotel Son Vida, das man zu Fuß besuchen kann, mit seinem spektakulären Terrassenblick auf die Bucht von Palma und auf die Stadt.

Hotel
Arabella Sheraton Son Vida

Carrer Vinagrella
E-07013 Palma
Fon: +34 (0) 971 - 78 71 00
Fax: +34 (0) 971 - 78 72 00
E-Mail: golfhotel.sonvida@arabellasheraton.com
Internet: www.arabellasheraton.com

Öffnungszeiten: immer geöffnet

Preise: 200 bis 650 €

Parken: vor dem Haus

N
Cala San Vincente 102
Alcudia 104-108
Sóller
Alaró 128
Bunyola 98
Inca 110
Santa Maria 114-122
Puigpunyent 92
Son Sardina 90
Palma 80-86, 132-134
10 Kilometer

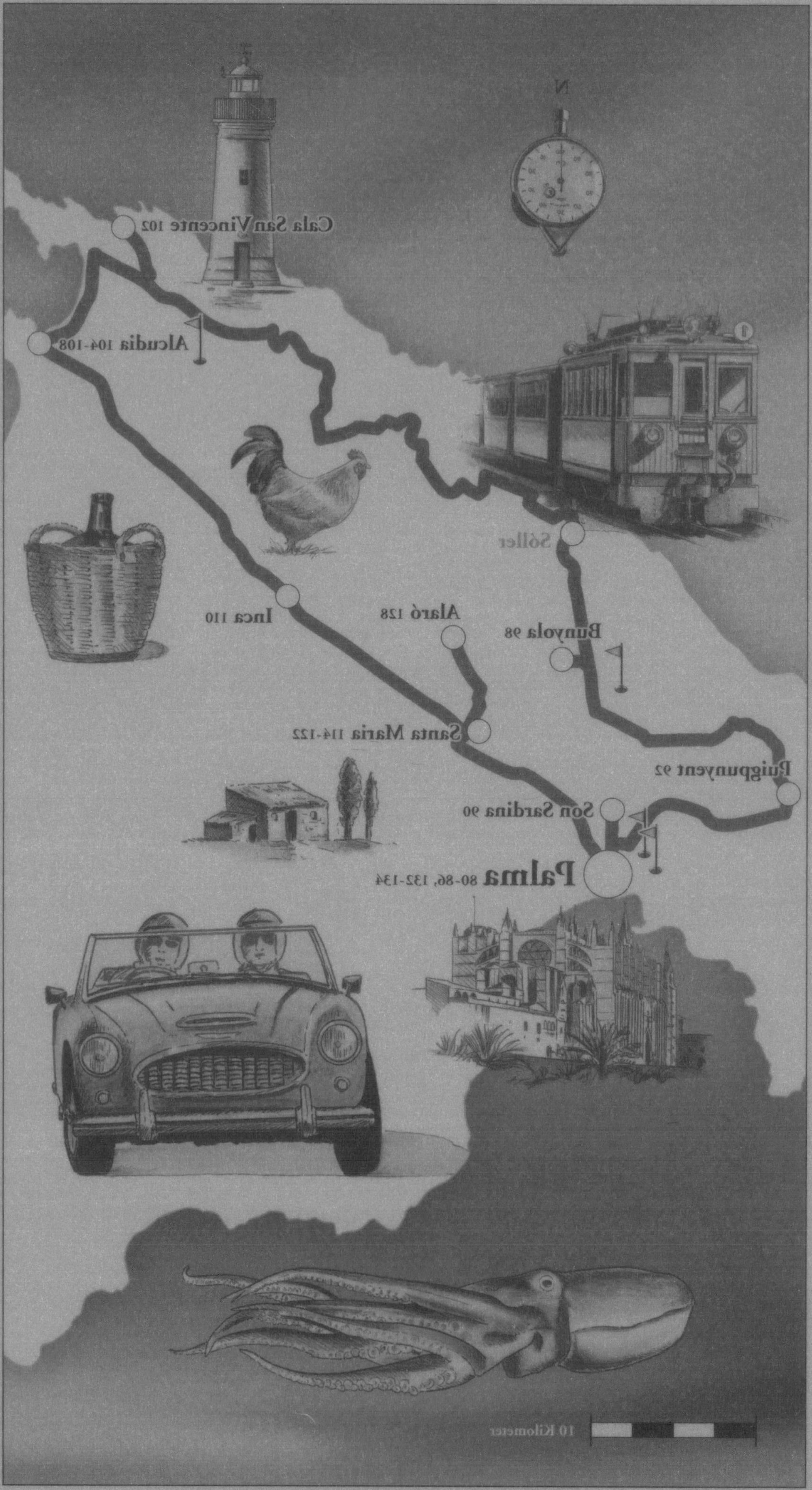
N
Cala San Vincente 102
Alcudia 104-108
Söller
Inca 110
Alaró 128
Bunyola 98
Santa Maria 114-122
Puigpunyent 92
Son Sardina 90
Palma 80-86, 132-134
10 Kilometer

Restaurant Plat d'Or im Arabella

Palma

Noblesse oblige – in diesem eleganten, lichten Restaurant lässt man sich gerne verwöhnen. Der Chef Jaume Balada hat in kurzer Zeit der Küche seinen Stempel aufgedrückt und wurde dann auch mit einem Stern belohnt, sehr zu recht, wie man beim Probieren des Degustationsmenus bald herausfindet. Palma ist nun „truly international“, und es macht ungeheuren Spaß, einen Abend in einem typisch mallorquinischen, einfachen Restaurant zu verbringen und dann den nächsten Abend in 10 Minuten Entfernung den Duft der großen, weiten Welt im Plat d'Or zu genießen. Jaume stellt uns zwei seiner ungewöhnlichen kulinarischen Creationen vor.

Restaurant
Plat d'Or im Arabella Sheraton
Son Vida

Carrer Vinagrella
E-07013 Palma
Fon: +34 (0) 971 - 78 71 00
Fax: +34 (0) 971 - 78 72 00
E-Mail: golfhotel.sonvida@
arabellasheraton.com
Internet:
www.arabellasheraton.com

Öffnungszeiten: immer geöffnet

Preise: angemessen hoch

Parken: vor dem Haus

Ensalada de mozarella de bufala

ahumada con bogavante y vegetales a la parrilla

Zutaten für 4 Personen:

4 Mozzarellakugeln aus Büffelmilch
8 Babymöhren
8 Babykürbisse
1 kg grüne Bohnen
8 Stangen grüner Spargel
8 Frühlingszwiebeln
250 g dicke Bohnen
1 Salatmischung aus Lollo Rosso, Chicorée, Eichblattsalat
2 Hummerschwänze und 4 Scheren
Olivenöl
500 ml Sherryessig
25 g Pinienkerne, geröstet und zerstoßen
1 Bund Schnittlauch, gehackt
1 Bund Kerbel
Salz, Pfeffer, grobes Salz
Bouillon

Salat von geräuchertem Büffel-Mozzarella mit Hummer und Gemüse vom Grill

Das Gemüse getrennt blanchieren und mit Eiswasser abschrecken. Danach auf dem Rost im Ofen al dente garen. Den Hummer bißfest in einer Bouillon sieden. Für die Vinaigrette Olivenöl und Sherryessig vermischen, die gerösteten, zerstoßenen Pinienkerne hinzugeben und mit Salz und Pfeffer abschmecken. Den in Scheiben geschnittenen Mozzarella mit Vinaigrette beträufeln, den 1/2 Hummerschwanz in Scheiben darauflegen und mit grobem Salz würzen. Das Gemüse daraufgeben und mit der Hummerschere garnieren. Mit Vinaigrette beträufeln und mit gehacktem Schnittlauch, Kerbel und der Salatmischung bestreuen.

Pichon servido en dos cocciones

con puré de apio, arroz cremoso con frutos rojos, jugo al balsámico y oporto

Zutaten für 4 Personen:

4 frische Bresse-Tauben
Entenschmalz
1 Selleriestange
1 l Rahm
1 kg Rundkornreis „Vialone Nano“
100 g Himbeeren, Heidelbeeren und Johannisbeeren, püriert
Brühe der zubereiteten Tauben
500 g Mascarpone
100 g Parmesankäse
100 ml Portwein
50 ml Balsamessig
Taubensud (Geflügelfond)
5 Schalotten
2 Knoblauchknollen
die Schale einer Orange
schwarze Pfefferkörner
grobes Salz
gehackte Petersilie
Balsamico
Rosmarin, Muskat
Weißwein

Täubchen in zwei Varianten an Selleriepüree und rotem Cremereis

Die Tauben zerlegen, Brüste und Carcassen zur Seite stellen. Die Keulen langsam in Entenschmalz garen, das zuvor mit Schalotten, Knoblauch, Orangenschale, Rosmarin und einigen Pfefferkörnern gewürzt wurde. Warmstellen. Aus den Carcassen einen Sud zubereiten, der zum Schluß mit Balsamessig und Portwein abgeschmeckt wird. Selleriepüree: Den Sellerie in kleine Stücke schneiden und in Rahm garen. Rahm abgießen, den Sellerie pürieren und den Rahm wieder hinzufügen. Mit Salz, weißem Pfeffer und ein wenig Muskat abschmecken. Risotto: Aus Schalotten, Reis, Weißwein, Taubensud, Mascarpone, Parmesan, ein wenig Rahm und Beerenpüree ein Risotto herstellen. Die Taubenbrüstchen im Ofen garen und warmhalten. Auf den Tellern das Selleriepüree, die Keulen, das Beerenrisotto plazieren, und darauf die Taubenbrüstchen. Salzen, mit der Soße angießen, mit den Kräutern dekorieren und mit Balsamico beträufeln.

Restaurant Aramis

Palma

Sie haben endlich Ihren Wagen sicher geparkt und lassen ihn am besten jetzt stehen, so lange Sie sich in Palma aufhalten. Man kann hier wirklich alles zu Fuß machen, zum Beispiel vom Hotel Palau oder Lorenzo aus zum Aramis gehen, um den aufmerksamen Service von Gabriela Sievi und Juan Carlos Perez zu genießen. In der Küche wirkt Lars Gail, der über Baden-Baden und den Nassauer Hof in Wiesbaden auf Mallorca landete. Mittags gibt's ein interessantes Weinmenu mit drei verschiedenen Weinen zu den drei Gängen. Das kleine Restaurant mit imposanter Gewölbedecke hat 25 Plätze, und es empfiehlt sich, unbedingt zu reservieren. Nach dem Essen lockt die Altstadt mit Jazzlokalen oder dem berühmten Abaco, einer hinreißenden Bar in einem authentischen alten Stadtpalais.

Restaurant
Aramis

Calle Montenegro, 1 Bis
E-07012 Palma
Fon: +34 (0) 971 - 72 52 32
Fax: +34 (0) 971 - 72 19 14

Öffnungszeiten: Samstag mittag
und Sonntag geschlossen,
ab der 3. Augustwoche
für drei Wochen und
15. bis 30. Januar geschlossen.

Preise: mittel

Parken: öffentlich und
dann zu Fuß

Tártaro

de rape

Zutaten für 4 Personen:

500 g frischer Seewolf
4 frische Jakobsmuscheln
2 Cornichons
1 EL Kapern
1 EL grüne Pfefferkörner aus dem Glas
3 Anchovisfilets
1 TL Armagnac
1 Prise Cayennepfeffer
4 Eigelb
3 EL Olivenöl
1 EL Petersilie, gehackt

Seewolf-Tartar

Den Fisch kalt abwaschen, abtrocknen und häuten. Die Filets auslösen und sorgfältig entgräten. Den Fisch und das Fleisch der Jakobsmuscheln sehr fein hacken. Die Cornichons, Kapern, grünen Pfeffer und die Anchovis ebenfalls sehr klein hacken und mit der Petersilie und dem Öl unter die Fischfilets mischen. Mit dem Armagnac und dem Cayennepfeffer abschmecken. Auf vier Tellern anrichten. In die Mitte der Portionen eine kleine Vertiefung drücken und jeweils ein Eigelb hineingeben. Zum Seewolf-Tartar getoastetes Weißbrot, Butter und Salz servieren.

Manzana rellena

de queso brie

Zutaten für 4 Personen:

4 mittelgroße säuerliche Äpfel
Zitronensaft
200 g Brie
3 Eier
3 EL Sahne
3 EL Milch
1 EL Zucker
2 EL Weißwein
1 EL Butter
Salz, Pfeffer, Muskat

Gefüllte Äpfel mit Brie

Am Stielende der Äpfel die Kappen abschneiden, das Kernhaus und etwas Fruchtfleisch herausschneiden. Die Äpfel mit Zitronensaft beträufeln. Das herausgenommene Fruchtfleisch fein würfeln, ebenfalls mit Zitronensaft beträufeln, damit es nicht braun wird. Die Würfel mit feingewürfeltem Brie mischen und in die Äpfel füllen. Die Äpfel in eine feuerfeste Form setzen. Eier, Milch und Sahne verrühren, würzen und auf die Äpfel gießen. Die Kappen darauf setzen und im vorgeheizten Backofen 15 min bei 180 Grad backen. Heiß servieren.

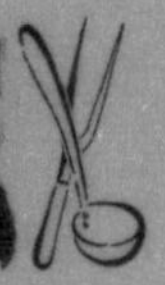

Tártaro

de rape

Zutaten für 4 Personen:

- 500 g frischer Seewolf
- 4 frische Jakobsmuscheln
- 2 Cornichons
- 1 EL Kapern
- 1 EL grüne Pfeffer-körner aus dem Glas
- 3 Anchovisfilets
- 1 TL Armagnac
- 1 Prise Cayennepfeffer
- 4 Eigelb
- 3 EL Olivenöl
- 1 EL Petersilie, gehackt

Seewolf-Tartar

Den Fisch kalt abwaschen, abtrocknen und häuten. Die Filets auslösen und sorgfältig entgräten. Den Fisch und das Fleisch der Jakobsmuscheln sehr fein hacken. Die Cornichons, Kapern, grünen Pfeffer und die Anchovis ebenfalls sehr klein hacken und mit der Petersilie und dem Öl unter die Fischfilets mischen. Mit dem Armagnac und dem Cayennepfeffer abschmecken. Auf vier Tellern anrichten. In die Mitte der Portionen eine kleine Vertiefung drücken und jeweils ein Eigelb hineingeben. Zum Seewolf-Tartar getoastetes Weißbrot, Butter und Salz servieren.

Manzana rellena

de queso brie

Zutaten für 4 Personen:

- 4 mittelgroße säuerliche Äpfel
- Zitronensaft
- 200 g Brie
- 3 Eier
- 3 EL Sahne
- 3 EL Milch
- 1 EL Zucker
- 2 EL Weißwein
- 1 EL Butter
- Salz, Pfeffer, Muskat

Gefüllte Äpfel mit Brie

Am Stielende der Äpfel die Kappen abschneiden, das Kernhaus und etwas Fruchtfleisch herausschneiden. Die Äpfel mit Zitronensaft beträufeln. Das herausgenommene Fruchtfleisch fein würfeln, ebenfalls mit Zitronensaft beträufeln, damit es nicht braun wird. Die Würfel mit feingewürfeltem Brie mischen und in die Äpfel füllen. Die Äpfel in eine feuerfeste Form setzen. Eier, Milch und Sahne verrühren, würzen und auf die Äpfel gießen. Die Kappen darauf setzen und im vorgeheizten Backofen 15 min bei 180 Grad backen. Heiß servieren.

Jaguar E-Type

Hotel Residencia Los Naranjos

Son Sardina

Eine alte Orangenfinca, eine Villa eines deutschen Unternehmers und jetzt ein Wohlfühlhotel, das ist die Karriere des Los Naranjos. Drumherum 3.000 Orangen- und 600 Zitronenbäume, auf der Ebene zwischen Palma und dem Tramuntanagebirgszug gelegen, bietet das Haus die Möglichkeit zum totalen Abhängen. Keinen stört es, wenn man morgens zum üppigen Frühstück im Bademantel erscheint, und abends kocht der Koch leckere Wunschgerichte, die gemeinsam an der großen Tafel im Eßzimmer eingenommen werden. Pool, Fitness, Wellness und ein großes Kosmetikangebot, das endlich auch von den Herren der Schöpfung gerne angenommen wird, runden das Bild ab. Erholung total, und das nur 10 Minuten von Palmas Zentrum entfernt. Das Haus wird von der charmanten und kompetenten Danielle van den Dungen geführt, und Sie müssen nur einen Wunsch äußern, Picknick, Wanderungen, Ausflüge etc., schon wird er in die Tat umgesetzt.

Hotel
Residencia Los Naranjos

Calle Destre, 61
Sa Garriga, Son Sardina
E-07120 Palma
Fon: +34 (0) 971 - 43 90 00
Fax: +34 (0) 971 - 43 84 83
E-Mail: hotel-naranjos@2001.es

Öffnungszeiten:
einige Wochen im Winter
geschlossen, einfach anrufen!

Preise: 190 bis 360 €

Parken: vor dem Haus

Ausstattung:
Pool, Sauna, Massage, Fitness

MASERATI

Restaurant Ses Cotxeries

Puigpunyent

Zum Mittag machen wir einen Abstecher nach Puigpunyent ins Ses Cotxeries. Daneben liegt der kleine Kolonialwarenladen, im Haus selber war eine Autoreparaturwerkstatt, daher der Name, und hier enstand ein entzückendes, kleines Restaurant, das von Baltasar Alomar und Jose Ramón geführt wird. Auch das unweit gelegene Son Net schickt seine Gäste hierhin, wenn sie einmal eine hervorragende, typisch mallorquinische Küche genießen wollen. Dies ist natürlich nicht die einfache bäuerliche Alltagsküche. Vielmehr handelt es sich um die Festtagsküche mit köstlichen Pasteten und vielen Zubereitungen mit Honig und Nüssen. Arabische und maurische Elemente sind hier unverkennbar. Leckere Torten mit Mandeln, Nüssen und kandierten Früchten bilden den süßen Abschluß.

Restaurant
Ses Cotxeries

Carrer Major, 4
E-07194 Puigpunyent
Fon: +34 (0) 971 - 61 66 26
Fax: +34 (0) 971 - 61 41 02

Öffnungzeiten:
Sonntag abend und
Montag geschlossen,
Februar geschlossen

Preise: moderat

Parken: vor dem Haus

Alcachofas rellenas de marisco

con salsa de pimientos verdes

Zutaten für 4 Personen:

12 kleine Artischocken
150 g geschälte Garnelen
100 g Seeteufel
50 g Miesmuscheln
1 Zwiebel, kleingeschnitten
50 g Mehl
250 ml Milch
1/2 Zitrone
1/2 rote Paprikaschote, im Ofen gegrillt
1 grüne Paprikaschote
2 Sardellen in Öl
25 g Butter
3 g Salz
1 g gemahlener schwarzer Pfeffer
200 ml Sahne

Mit Meeresfrüchten gefüllte Artischocken mit einer Soße aus grünem Paprika

Die grünen, harten Blätter der Artischocken sowie die Herzen entfernen. Die Artischocken in Wasser mit Zitronensaft aufkochen, unter kaltem Wasser abschrecken und abtropfen lassen. Butter in einem Topf schmelzen und die Zwiebel darin glasig dünsten. Die Garnelen, den Seeteufel und die Miesmuscheln klein schneiden, Mehl hinzugeben und gut vermengen. Die Milch hinzufügen, bis eine cremige Masse entsteht, mit Salz und Pfeffer abschmecken. Die Masse in die Artischocken füllen und warmstellen. In einer Pfanne Butter schmelzen und die feingewürfelte grüne Paprikaschote sowie die kleingeschnittenen Sardellen hinzufügen. Anbraten, die Sahne dazugeben und die Soße eindicken lassen. Den Soßenfond auf die Teller geben, darauf die Artischocken anrichten und mit Streifen der roten Paprikaschote dekorieren.

Paletilla de cordero rellena

de setas variadas con salsa de ceps

Zutaten für 4 Personen:

1 Lammschulter (1.200 g)
400 g gemischte Pilze
2 Eier
25 g Rosinen
15 g Pinienkerne
8 Steinpilze
5 g Schnittlauch
5 g Salz
3 g gemahlener Pfeffer
1 g Thymian
1 g Kümmel
40 g Butter
200 ml Öl
1/2 Schwenker Cognac
100 ml Sahne
2 Meter Küchengarn zum Zusammenbinden
Möhren
grüne Bohnen
Broccoli
Kartoffeln

Lammschulter gefüllt mit Pilzen mit einer Soße aus Steinpilzen

Die Lammschulter entbeinen und mit Salz, Pfeffer, Kümmel und Thymian zwei Stunden pökeln. Öl in einer Pfanne erhitzen und die in dünne Streifen geschnittenen Pilze hinzugeben, mit Salz und Pfeffer würzen. Halbgar, den Schnittlauch und die Eier hinzugeben, alles fertig garen und abkühlen lassen. Das Fleisch auf ein Backblech legen, die Pilzmischung darauf verteilen und einrollen. Mit Küchengarn zusammenbinden und etwa 50 min bei 180 Grad im Ofen schmoren. Die Butter in einer Pfanne schmelzen und mit den in Scheiben geschnittenen Steinpilzen 2 min pochieren, mit Cognac flambieren. Mit Sahne, Salz und Pfeffer abschmecken und eindicken lassen. Das Fleisch in 2 cm dicke Stücke schneiden, mit der Soße übergießen und servieren. Als Beilage wird gedämpftes Gemüse aus Möhren, grünen Bohnen, Broccoli und Kartoffeln serviert.

137
SB-AW3

139
133
133
CLUB ITALIA
PIRELLI

Restaurant Sa Costa

Bunyola

Alternativ bietet sich auf der Reise in den hohen Norden die Fahrt über Bunyola ins Sa Costa an. 71 Stufen mußt du gehen, man kann aber auch außenherum hochfahren, falls nicht so gut zu Fuß, und oberhalb des Hauses parken – man kann auch mit dem Zug zum Essen fahren, denn in Bunyola hält der Rote Blitz am Puppenstubenbahnhof. Dann läßt man sich von Barbara Lörzel verwöhnen und von ihrem Mann Emilio Morais beraten. Im Winter ißt man vorzüglich im gemütlichen Restaurant, im Sommer auf der schönen Terrasse. Eine frische unprätentiöse Küche, auch eine Erholung nach zu vielen schweren Fritos und Sopas, und manchmal gibt es Speisen aus dem Elsaß oder aus dem Schwabenland. Hausgemachte Nudeln mit unterschiedlichen Füllungen, je nach Jahreszeit, sollte man unbedingt probieren. Nach dem Essen die Bergrennstrecke nach Orient unter die Räder nehmen!

Restaurant
Sa Costa

Sa Costa de S'Estació
E-07110 Bunyola
Fon: +34 (0) 971 - 61 31 10
Fax: +34 (0) 971 - 74 82 51

Öffnungszeiten:
Mitte November bis Mitte Dezember geschlossen, Juni, Juli, August nur abends geöffnet und Sonntag geschlossen, sonst Sonntag abend und Montag geschlossen.

Preise: moderat

Parken: vor oder hinter dem Haus

Bolsitas

de morcilla

Zutaten für 4 Personen:

Für den Teig:
180 g Mehl
45 g Grieß
4 Eier
3 EL Olivenöl
Salz

Für die Füllung:
300 g Blutwurst
280 g Kalbshack
100 g Zwiebeln gehackt
2 Scheiben Toastbrot
gehackte Petersilie
Pfeffer, Salz
1 Ei

1 Eiweiß
1 kg Sauerkraut, geschmort
1 Zwiebel

Blutwurstravioli auf Sauerkraut

Zutaten für den Teig zu einer glatten Kugel verkneten und 30 min ruhen lassen. Die Blutwurst fein würfeln und mit den Zwiebeln andünsten, bis sie sich auflöst. Das Brot zerkrümeln. Salzen und pfeffern. Mit Kalbshack, Petersilie und dem Ei glatt verkneten. Den Teig mit der Nudelmaschine fein ausrollen. Mit Mehl bestäuben, 5 x 5 cm große Quadrate schneiden. Jeweils 1 TL Füllung auf ein Quadrat geben. Die Ränder mit Eiweiß bestreichen und ein zweites Quadrat darauflegen. Die Ränder gut andrücken. In kochendes Salzwasser geben und ca. 5 min ziehen lassen. Auf Sauerkraut anrichten und mit in Butter gerösteten Zwiebeln übergießen.

Ossobucco

de ternera blanca

Zutaten für 4 Personen:

4 Beinscheiben vom Kalb
Mehl, Salz, Pfeffer
200 g gehackte Zwiebeln
100 g Karotten
100 g Staudensellerie
2 Lorbeerblätter
Thymian
Rosmarin
1 TL Tomatenkonzentrat
500 ml Kalbsfond
500 ml Weißwein
Zitronenschalen

Ossobucco vom Kalb

Beinscheiben würzen und mit Mehl bestäuben. In Olivenöl von beiden Seiten anbraten. Aus dem Bräter nehmen. Die Zwiebeln sowie feingewürfelte Karotten und Sellerie in das Bratfett geben und anrösten. Tomatenkonzentrat zugeben und ebenfalls etwas anrösten. Mit Weißwein und Kalbsfond auffüllen. Fleisch dazugeben und etwas Thymian und Rosmarin sowie die Lorbeerblätter hinzufügen. Ca. 1 1/4 Stunde im Backofen bei mittlerer Hitze schmoren. Die Soße gut entfetten. Beinscheiben auf Tellern anrichten, die Soße nachwürzen und etwas einkochen. Die Beinscheiben mit der Soße begießen und mit sehr fein geschnittenen Zitronenschalen bestreuen.

Bolsitas

de morcilla

Zutaten für 4 Personen:

Für den Teig:
- 180 g Mehl
- 45 g Grieß
- 4 Eier
- 3 EL Olivenöl
- Salz

Für die Füllung:
- 300 g Blutwurst
- 280 g Kalbshack
- 100 g Zwiebeln gehackt
- 2 Scheiben Toastbrot
- gehackte Petersilie
- Pfeffer, Salz
- 1 Ei

- 1 Eiweiß
- 1 kg Sauerkraut, geschmort
- 1 Zwiebel

Blutwurstravioli auf Sauerkraut

Zutaten für den Teig zu einer glatten Kugel verkneten und 30 min ruhen lassen. Die Blutwurst fein würfeln und mit den Zwiebeln andünsten, bis sie sich auflöst. Das Brot zerkrümeln. Salzen und pfeffern. Mit Kalbshack, Petersilie und dem Ei glatt verkneten. Den Teig mit der Nudelmaschine fein ausrollen. Mit Mehl bestäuben, 5x5 cm große Quadrate schneiden. Jeweils 1 TL Füllung auf ein Quadrat geben. Die Ränder mit Eiweiß bestreichen und ein zweites Quadrat darauflegen. Die Ränder gut andrücken. In kochendes Salzwasser geben und ca. 5 min ziehen lassen. Auf Sauerkraut anrichten und mit in Butter gerösteten Zwiebeln übergießen.

Ossobucco

de ternera blanca

Zutaten für 4 Personen:
- 4 Beinscheiben vom Kalb
- Mehl, Salz, Pfeffer
- 200 g gehackte Zwiebeln
- 100 g Karotten
- 100 g Staudensellerie
- 2 Lorbeerblätter
- Thymian
- Rosmarin
- 1 TL Tomatenkonzentrat
- 500 ml Kalbsfond
- 500 ml Weißwein
- Zitronenschalen

Ossobucco vom Kalb

Beinscheiben würzen und mit Mehl bestäuben. In Olivenöl von beiden Seiten anbraten. Aus dem Bräter nehmen. Die Zwiebeln sowie feingewürfelte Karotten und Sellerie in das Bratfett geben und anrösten. Tomatenkonzentrat zugeben und ebenfalls etwas anrösten. Mit Weißwein und Kalbsfond auffüllen. Fleisch dazugeben und etwas Thymian und Rosmarin sowie die Lorbeerblätter hinzufügen. Ca. 1 1/4 Stunde im Backofen bei mittlerer Hitze schmoren. Die Soße gut entfetten. Beinscheiben auf Tellern anrichten, die Soße nachwürzen und etwas einkochen. Die Beinscheiben mit der Soße begießen und mit sehr fein geschnittenen Zitronenschalen bestreuen.

Chevrolet Corvette

Hotel La Moraleja

Cala San Vicente

Beverly Hills in Cala S. Vicente, hier ist die Welt beinahe zu Ende, meilenweit nur noch Wasser – aber genau hier hat Gabriel Ramis seinen Traum verwirklicht. Von diesem Ort aus zog er aufs Festland, um ein Vermögen zu machen, Reiseagenturen, 1.000 Betten auf der Insel ermöglichten den Bau von La Moraleja, einem Luxushotel mit eigenem Restaurant nur für die Hausgäste, zwei Pools und einem eigenen Automuseum, wo der Hausherr über Jahrzehnte Mercedes Roadster, Jaguar, Rolls Royce, MG und Austin Healey gesammelt hat. Wer die Händler auf Santa Monica und Wilshire Boulevard kennt, wird hier dieselben Displays wiederfinden, nur Gabriel Ramis handelt nicht, er läßt andere an seiner Sammlung teilhaben. Ein wahrlich ungewöhnliches Haus mit ungewöhnlichem Mobiliar diverser französischer Epochen und einer umfangreichen Kunstsammlung spanischer und französischer Künstler.

Hotel
La Moraleja

E-07469 Cala San Vicente
Fon: +34 (0) 971 - 53 40 10
Fax: +34 (0) 971 - 53 34 18
E-Mail: hotel@lamoraleja.net
Internet: www.lamoraleja.net

Öffnungszeiten:
1. November bis 6. April
geschlossen

Preise: 225 bis 275 €

Parken: vor dem Haus

Ausstattung: Pool

Restaurant Es Convent

Alcudia

Die Chefin Eulalia Gelabert lernte bei Koldo in Palma, und allein das bürgt schon für eine solide Ausbildung. Probiert man einmal die Auswahl verschiedener Leberpasteten, läuft schon dabei das Wasser im Munde zusammen. Ganz zu schweigen von den diversen Fisch- und Fleischgerichten, die alle als köstliche Creationen auf den Tisch kommen. Mittags kann man hier einfach einfallen, aber abends empfiehlt es sich, unbedingt zu reservieren. Das Restaurant ist klein und unprätentiös, hier steht die Kochkunst im Vordergrund! Die Weinkarte bietet die guten lokalen Produkte und viele Creszenzen von der Peninsula.

Restaurant
Es Convent

Carrer Progrés, 6
E-07400 Alcudia
Fon: +34 (0) 971 - 54 87 16
Fax: +34 (0) 971 - 54 98 03
E-Mail: hotel@esconvent.com
Internet: www.esconvent.com

Öffnungszeiten: immer geöffnet

Preise: mittel

Parken: in der Nähe parken

Foie

con mango

Zutaten für 4 Personen:

500 g Entenleber
1 Mango
Mango-Chutney
Salz, Pfeffer
Zucker
Butter

Entenleber mit Mango

Die Mango schälen und filetieren, danach in Butter und Zucker karamelisieren. Entenleber in feine Scheiben schneiden, mit Salz und Pfeffer würzen und anbraten. Auf den Tellern die Mango verteilen, Leber darauf geben und die Ränder mit Mango-Chutney verzieren.

Solomillo con espárragos

en su salsa y verduras crujientes

Zutaten für 4 Personen:

1 kg Kalbsfilet
250 g grüner Spargel
100 ml Fleischfond
Salz, Pfeffer
Tomaten
Gemüse der Saison
Kartoffelplätzchen

Kalbsfilet mit Spargel im eigenen Saft und knackigem Gemüse

Die Filets nach Geschmack braten. Auf dem gekochten Spargel anrichten und mit Tomatenwürfeln und knackigem Gemüse dekorieren. Aus dem Fleischfond mit dem Bratensaft eine leichte Soße zubereiten. Mit Kartoffelplätzchen servieren.

Foie

con mango

Zutaten für 4 Personen:

500g Entenleber
1 Mango
Mango-Chutney
Salz, Pfeffer
Zucker
Butter

Entenleber mit Mango

Die Mango schälen und filetieren, danach in Butter und Zucker karamelisieren. Entenleber in feine Scheiben schneiden, mit Salz und Pfeffer würzen und anbraten. Auf den Tellern die Mango verteilen, Leber darauf geben und die Ränder mit Mango-Chutney verzieren.

Solomillo con espárragos

en su salsa y verduras crujientes

Zutaten für 4 Personen:

1 kg Kalbsfilet
250g grüner Spargel
100ml Fleischfond
Salz, Pfeffer
Tomaten
Gemüse der Saison
Kartoffelplätzchen

Kalbsfilet mit Spargel im eigenen Saft und knackigem Gemüse

Die Filets nach Geschmack braten. Auf dem gekochten Spargel anrichten und mit Tomatenwürfeln und knackigem Gemüse dekorieren. Aus dem Fleischfond mit dem Bratensaft eine leichte Soße zubereiten. Mit Kartoffelplätzchen servieren.

CONT. 75 cl
RIOJA

Hotel Es Convent

Alcudia

Der hohe Norden hat auch seine Reize. Hier läuft das Tramuntanagebirge aus, das Land wird flacher, und große Buchten erinnern an Südafrika. Mitten in Alcudia liegt das Es Convent, eingerichtet vom bekannten Innenarchitekten Esteva, dessen Stil wir auch im Son Bernadinet so sehr schätzen. Ein Taxifahrer, ein Möbelhausbesitzer und ein Metzger haben sich zusammengetan, um das älteste Haus Alcudias in ein zauberhaftes Stadthotel zu verwandeln. Mit vollem Erfolg! Von Alcudia aus erreicht man die Nachbarinsel Menorca in kurzer Zeit, selbst ein Tagesausflug lohnt sich schon. Des weiteren ist es nicht weit zum Cap Formentor, und während hier das nächste Bergrennen stattfindet, speisen wir im Restaurant des Es Convent, in dem es mittags angenehm leer ist, in dem man aber abends immer reservieren muß.

Hotel
Es Convent

Carrer Progrés, 6
E-07400 Alcudia
Fon: +34 (0) 971 - 54 87 16
Fax: +34 (0) 971 - 54 98 03
E-Mail: hotel@esconvent.com
Internet: www.esconvent.com

Öffnungszeiten: immer geöffnet

Preise: 175 €

Parken: Ausladen vor dem Haus
und in der Nähe parken

PORSCH

Restaurant Celler Can Amer

Inca

Im tiefen Keller sitzen wir… Antonia Cantallops in der offenen Küche wirbeln zu sehen ist eine Lust, und der Abstieg in den Weinkeller in Incas Zentrum ein Muß! Die Wirtin ist die Grand Dame der mallorquinischen Küche, und ihre Karte wechselt ständig, um das ganze Repertoire ihrer Kochkunst zu präsentieren. Tiefkühlkost, Konserven und Convenience Products sind ihr ein Greuel, und man ist gut beraten, die Gerichte zu bestellen, die gerade der Jahreszeit am besten entsprechen, hier gibt es nur lokal vorkommende Pilze und herrliche hausgemachte Desserts. Die Verwendung von Rosinen und Honig macht die Gerichte so unverwechselbar, und wer einmal den gefüllten Kapaun mit Nougat probiert hat, wird diese Küche so bald nicht vergessen. Hier ist jeder Tag ein Festtag – die Mallorquin haben im Alltag recht frugal gelebt – und Antonia Cantallops kocht mit wenigen Ausnahmen nur Festtagsgerichte.

Restaurant
Celler Can Amer

Can Pau, 39
E-07300 Inca
Fon: +34 (0) 971 - 50 12 61
Fax: +34 (0) 971- 71 60 99

Öffnungszeiten:
Sonntag im Sommer geschlossen,
Oktober bis April auch Sonntag mittag geöffnet.

Preise: moderat

Parken: meist ein Plätzchen in der Nähe zu finden

Granada d'alberginies –

pastel de berenjenas con compota de tomates

Zutaten für 4 Personen:

1 kg weiche Auberginen, gewürfelt
1 große Zwiebel, gewürfelt
2 Knoblauchzehen, gewürfelt
1 Lorbeerblatt
6 Eier
200 ml Milch
Salz, weißer Pfeffer, gemahlener Zimt, Paniermehl

Für das Tomatenmus:
5 große, reife Tomaten, geschält, entkernt und gewürfelt
1 Lorbeerblatt
2 Knoblauchzehen
1 Pfefferkirsche
200 ml Weißwein
Salz, 1 TL Zucker
30 Majoranblätter als Dekoration

Auberginenpastete mit Tomatenmus

Auberginen in kleine Würfel schneiden, leicht salzen und 20 min ziehen lassen. Zwiebel, Knoblauch, Lorbeerblätter in einem Tontopf mit wenig Olivenöl schmoren, das Öl abgießen und den Topf zur Seite stellen. Auberginen abspülen, abtrocknen und in Öl frittieren. Öl abgießen, die Auberginen mit der Zwiebel-Knoblauch-Mischung, der Milch und den verrührten Eiern mischen, mit Salz, Pfeffer und Zimt würzen. In eine runde, mit Olivenöl ausgestrichene Form geben und mit Paniermehl bedecken. Bei 160 Grad etwa 40 min im Wasserbad garen. Die Auberginenpastete auf ein rundes Blech stürzen, mit Tomatenmus begießen und mit Majoranblättern dekorieren. Für das Tomatenmus die Tomaten in einem Topf mit Olivenöl, Knoblauch, Lorbeerblättern und der Pfefferkirsche anbräunen. Tomaten, Weißwein, Salz und Zucker hinzufügen und auf den „Punkt" kochen.

Frit de mè –

frito mallorquin

Zutaten für 4 Personen:

250 ml Olivenöl
500 g Lamminnereien: Leber, Herz, Lunge und Magen
1 große Zwiebel
10 Schoten von dicken Bohnen
10 Kichererbsen
1 Kaffeetasse Erbsen
50 g Blumenkohl
5 sehr zarte Frühlingszwiebeln
3 Kartoffeln
1 kleiner Bund frischer Fenchel
1 Pfefferkirsche
2 Lorbeerblätter
10 Knoblauchzehen

Innereienpfanne vom Lamm

Die Innereien, das Gemüse und die Kartoffeln in kleine Würfel schneiden. Zerdrückten Knoblauch, Lorbeerblätter, in kleine Stücke geschnittene Pfefferkirsche in einer Pfanne sautieren. Das Fleisch dazugeben und anbräunen. Alles in eine Tonkasserolle geben, den Fenchel darüber streuen und zur Seite stellen. In derselben Pfanne Zwiebel, Bohnen, Blumenkohl, Kichererbsen, Erbsen und zuletzt die Frühlingszwiebeln anbraten. Aus der Pfanne nehmen und abschmecken. Die gewürfelten Kartoffeln in Öl anbraten, mit Gemüse und Fleisch in die Kasserolle geben und vorsichtig untereinanderrühren. Einige Minuten vor dem Servieren erhitzen. Im Sommer die Bohnen, Erbsen, den Blumenkohl und die Kichererbsen durch rote und grüne Paprikaschoten ersetzen.

Granada d'albergínies –

Hotel Read's

Santa Maria del Cami

Einst hatt' ich einen Traum – und den hat Vivian Read mit seiner Familie zusammen verwirklicht. Eine große Ruine eines alten Herrenhauses, in sieben Jahren Arbeit in eines der schönsten Landhotels Mallorcas verwandelt, voller Antiquitäten, Bilder und herrlichen Mobiliars. Der Komfort und Luxus eines Grandhotels mit nur 25 Zimmern, Suiten und Appartements – exzellentes Personal, Indor- und Outdoorpool in einer gepflegten, üppigen Parkanlage gelegen – das ist das Geheimnis des Read's.

Hotel
Read's

Ca'n Moragues
E-07320 Santa Maria del Cami
Fon: +34 (0) 971 - 14 02 61
Fax: +34 (0) 971 - 14 07 62
E-Mail: readshotel@
readshotel.com
Internet: www.readshotel.com

Öffnungszeiten:
immer geöffnet

Preise: 160 bis 325 €

Parken: vor dem Haus

Ausstattung: Indoorpool,
Outdoorpool, Tennis, Sauna,
Fitness, Jacuzzi

Elegante Aufenthaltsräume und kleine Salons laden zum Verweilen ein. Kleine und große Feste und Empfänge finden in der Intimität separater Räume statt. Die Zimmer sind elegant und stilvoll eingerichtet, die Betten formidabel. Einige Suiten und Zimmer liegen in kleinen Gartenhäusern mit eigener Terrasse, ruhig und abgelegen, das weite Land vor der Tür. Die Familie ist omnipräsent, kümmert sich um jeden Wunsch, und manchmal saust der Hausherr im TR 6 über die Insel.

Restaurant im Read's

Santa Maria del Cami

Im Read's Hotel gibt es ein Restaurant, zu dem die Gäste von weither anreisen. Hier regiert Marc Fosh, klingt französich, ist aber englisch und führt alle Vorurteile, Engländer könnten nicht kochen, aufs Glänzendste ad absurdum. Hier wird eine der besten Küchen der Insel geboten, fantasievoll, schmackhaft und die Desserts .... sind alleine eine Reise wert. Der hohe Raum ist mit witzigen Bacchanalen ausgemalt, der Service, geleitet von Read's Junior, ist makellos. Im Sommer kann man mittags auch auf der Dachterrasse speisen und sich von der kleinen Speisekarte „simply fosh" diverse Köstlichkeiten aussuchen. Das Read's ist nur 20 Minuten von Palma entfernt und zeigt wieder einmal, wie abwechslungsreich Mallorca bei kleinen Entfernungen ist.

Restaurant
Read's Hotel

Ca'n Moragues
E-07320 Santa Maria del Cami
Fon: +34 (0) 971 - 14 02 61
Fax: +34 (0) 971 - 14 07 62
E-Mail: readshotel@
readshotel.com
Internet: www.readshotel.com

Öffnungszeiten: immer geöffnet

Preise: angemessen hoch

Parken: Parkplatz und
100 m laufen.

Balontine de atún

con melón, jengibre y aceite de curry

Zutaten für 4 Personen:

Für die Ballontine:
500 g gesäuberte Thunfischlende
50 g gemahlener schwarzer Pfeffer
1/2 EL gemahlener Sternanis
4 EL gehackte gemischte Kräuter
1 EL Dijonsenf

Für die Soße:
1 mittlere Melone, in Stücke geschnitten
2 Tomaten, geschält und gewürfelt
2 EL Koriander, fein gehackt
2 grüne Chilischoten, fein gehackt
2 EL Olivenöl
Saft von 2 Limonen
Salz, Pfeffer

Für das Curryöl:
500 ml Sonnenblumenöl
250 ml Olivenöl
2 EL Currypuder
1 EL Kurkuma
4 zerstoßene Kardamomhülsen
1 Sternanis
6 Fenchelsamen, zerstoßen
Salz, Pfeffer

Gepfefferte Thunfisch-Ballontine mit Kräutern, Melonensoße und Curryöl

In einer Pfanne mit dickem Boden den Thunfisch auf allen Seiten gleichmäßig anbraten, aber nicht durchbraten. Aus der Pfanne nehmen. Den Senf in die Pfanne geben. Den Thunfisch in der Kräuterpfeffermixtur wälzen und zurück in die Pfanne geben, in Folie einwickeln und für zwei bis drei Stunden in den Kühlschrank stellen. Alle Zutaten für die Soße in einen Topf geben, leicht erhitzen und zwei Stunden ziehen lassen. Pürieren. Die Ingredienzien für das Öl gut vermischen, zwei Stunden ziehen lassen und durch ein feines Sieb passieren. Zum Servieren den Thunfisch in dicke Steaks schneiden, die frisch pürierte Melonensoße darübergeben, mit Salatblättern garnieren und dann das Curryöl darüber träufeln.

Terrina de citricos

con sorbete de yogur y minestrone de frutas frescas y grappe

Zutaten für 4 Personen:

Für die Terrine:
150 ml Zitronensaft
50 ml Maracujasaft
200 ml Mandarinensaft
200 ml Grapefruitsaft
150 g Zucker
200 ml Zuckersirup
25 g Agar-Agar

Für das Sorbet:
130 g Traubenzucker
125 g Zucker
500 ml frischer Joghurt
150 ml Sahne

Für die Minestrone:
1 Mango
1 Banane
3 Kiwis
3 Pflaumen
1 Papaya
250 ml Zuckersirup
50 ml Grappa
4 Basilikumblätter
Saft von 2 Zitronen

Zitrusfrüchteterrine mit Joghurtsorbet und einer Minestrone von frischen Früchten

Für die Terrine: Die Säfte und den Zucker aufkochen, dann das Agar-Agar darunterschlagen. Weitere 2 min kochen und dann alles durch ein feines Sieb in eine Terrinenform geben. 2 Stunden im Kühlschrank kühlen.

Für das Sorbet: Sahne, Zucker und Traubenzucker aufkochen, vom Feuer nehmen. Abkühlen lassen und dann den Joghurt in einer Eismaschine leicht und cremig für ca. 10 min zum Sorbet einrühren.

Für die Minestrone: Die Früchte schälen und in feine Stücke schneiden. Die restlichen Zutaten hinzugeben, gut umrühren und kalt stellen. Nun gibt man eine Kelle Minestrone in einen Suppenteller, eine Scheibe der Terrine in die Mitte und krönt das Ganze mit einem Löffel Sorbet.

LJ
6969

Restaurant Moli des Torrent

Santa Maria

Erst verschlägt es einen Saarländer nach Bonn und dann nach Mallorca. Peter Himbert hat die alte Mühle Moli des Torrent stilvoll ausgebaut und kocht in seiner kompakten Küche mit viel Imagination und frischesten Zutaten eine internationale Küche mit mallorquinischem Touch. Je nach Jahreszeit wechselt die Karte, und in der Jagdsaison gibt es reichlich Wildgerichte. Herta Himbert macht die Honneurs und sorgt sich hingebungsvoll um ihre Gäste. Ein internationales Publikum genießt im Sommer auch im Höfchen hinter der Mühle in lauen Nächten die raffinierten Gerichte des Peter Himbert. Von Palma aus ist man in 20 Minuten in Santa Maria, biegt im Zentrum links ab und findet die Mühle nach wenigen Kilometern an der Straße nach Bunyola. Unbedingt reservieren!

Restaurant
Moli des Torrent

Ctra. de Bunyola, 75 (PM202)
E-07320 Santa Maria del Cami
Fon: +34 (0) 971 - 14 05 03
Fax: +34 (0) 971 - 62 01 82

Öffnungszeiten:
Donnerstag ganztägig und
Freitag mittag geschlossen,
Mitte bis Ende Januar
geschlossen

Preise: angemessen hoch

Parken: vor dem Haus

Rape con manto de datiles

y bacon sobre col rizada y patatas

Zutaten für 4 Personen:

12 Medaillons vom Seeteufel
12 Datteln
12 Speckscheiben
1 kleiner Wirsingkopf
4 Kartoffeln
4 Pfannkuchen
2 Zwiebeln
4 Eier
1/4 l Sahne
Salz, Pfeffer

Seeteufel mit Datteln im Speckmantel, Wirsing und Kartoffelroulade

Den Seeteufel mit Salz und Pfeffer würzen, in Mehl wenden und braten, ohne Farbe zu nehmen. Datteln mit Speck einrollen und kurz in der Friteuse (oder Pfanne) garen. Wirsing schneiden, waschen, blanchieren und mit Speck, Zwiebeln und Sahne als Gemüse zubereiten. Für die Kartoffelroulade: die Kartoffeln kochen und ein Püree mit wenig Sahne und 4 Eigelb herstellen. Dünne Pfannkuchen backen und die Kartoffelmasse 2cm dick auf den Pfannkuchen streichen, zusammenrollen und auf ein gebuttertes Stück Alufolie geben, dann im Wasserbad 15 min garen. Danach auskühlen lassen, in 3 cm dicke Stücke schneiden und in einer gebutterten Pfanne goldgelb backen. Beim Anrichten Wirsing in die Tellermitte geben und im Uhrzeigersinn immer abwechselnd Seeteufel, Dattel und Kartoffelroulade zugeben.

Noquis de queso

con compota de albaricoque

Zutaten für 4 Personen:

Für den Kompott:
400 g Aprikosen
100 g Zucker
200 ml Weißwein
Aprikosenlikör
Speisestärke

Für die Knödel:
375 g Quark
25 g flüssige Butter
2 Eier
Salz
Zitronenschalenabrieb
2 EL Zucker
1 l Milch
75 g Semmelbrösel, gesüßt

Quarkknödel mit Aprikosenkompott

Die Aprikosen in Würfel schneiden, den Zucker karamelisieren und mit dem Weißwein ablöschen, etwas Likör und die Aprikosenwürfel hinzugeben und aufkochen lassen, dann mit etwas Speisestärke abbinden. Fertig ist der Kompott, Knödelzutaten mengen und zu Knödeln formen. Dann in Zuckermilch 12 min garen. Nun mit süßen Bröseln bepinseln. Knödel auf Tellern anrichten und mit Kompott umlegen.

Rape con manto de datiles

y bacon sobre col rizada y patatas

Zutaten für 4 Personen:

12 Medaillons vom Seeteufel
12 Datteln
12 Speckscheiben
1 Kleiner Wirsingkopf
4 Kartoffeln
4 Pfannkuchen
2 Zwiebeln
4 Eier
1/4 l Sahne
Salz, Pfeffer

Seeteufel mit Datteln im Speckmantel, Wirsing und Kartoffelroulade

Den Seeteufel mit Salz und Pfeffer würzen, in Mehl wenden und braten, ohne Farbe zu nehmen. Datteln mit Speck einrollen und kurz in der Friteuse (oder Pfanne) garen. Wirsing schneiden, waschen, blanchieren und mit Speck, Zwiebeln und Sahne als Gemüse zubereiten. Für die Kartoffelroulade: die Kartoffeln kochen und ein Püree mit wenig Sahne und 4 Eigelb herstellen. Dünne Pfannkuchen backen und die Kartoffelmasse 2cm dick auf den Pfannkuchen streichen, zusammenrollen und auf ein gebuttertes Stück Alufolie geben, dann im Wasserbad 15 min garen. Danach auskühlen lassen, in 3 cm dicke Stücke schneiden und in einer gebutterten Pfanne goldgelb backen. Beim Anrichten Wirsing in die Tellermitte geben und im Uhrzeigersinn immer abwechselnd Seeteufel, Dattel und Kartoffelroulade zugeben.

Noquis de queso

con compota de albaricoque

Zutaten für 4 Personen:

Für den Kompott:
400g Aprikosen
100g Zucker
200ml Weißwein
Aprikosenlikör
Speisestärke

Für die Knödel:
375g Quark
25g flüssige Butter
2 Eier
Salz
Zitronenschalenabrieb
2 EL Zucker
1 l Milch
75g Semmelbrösel, gesüßt

Quarkknödel mit Aprikosenkompott

Die Aprikosen in Würfel schneiden, den Zucker karamelisieren und mit dem Weißwein ablöschen, etwas Likör und die Aprikosenwürfel hinzugeben und aufkochen lassen, dann mit etwas Speisestärke abbinden. Fertig ist der Kompott. Knödelzutaten mengen und zu Knödeln formen. Dann in Zuckermilch 12 min garen. Nun mit süßen Bröseln bepinseln. Knödel auf Tellern anrichten und mit Kompott umlegen.

FRED PERRY

Alfa Romeo 8C 2600 Monza

Restaurant Traffic

Alaró

Neben Binissalem ist Alaró einer der ursprünglichsten Orte am Fuße der Berge, und hier am Marktplatz liegt das Restaurant Traffic, das wir im Laufe der Jahre wegen seiner köstlichen Vorspeisen und ehrlichen mallorquinischen Küche schätzen gelernt haben. Die Pimientos sind gerade erträglich scharf und der Pulpo dünn geschnittten à la Gallega butterweich und köstlich. Antonio Sampol steht selber am Herd, und am Wochenende oder am Samstag, wenn vor der Tür Markttag ist, sollte man unbedingt reservieren. Apropos Markt, es gibt einen Kalender der auf Mallorca stattfindenden Märkte – einige davon sollte man unbedingt besuchen! Im Traffic wird ehrliche mallorquinische Küche in bester Form gekocht und serviert. Manches Mal ist man schon nach einer Selektion bester Tapas völlig geschafft. Ab dem Frühjahr 2002 gibt es im Hause 8 große im Stil des Landes eingerichtete Zimmer.

Restaurant
Traffic

Plaza de la Villa, 8
E-07340 Alaró
Fon: +34 (0) 971 - 87 91 17

Öffnungszeiten:
Dienstag ganztägig und
Mittwoch mittag geschlossen,
15. bis 30. November und
15. bis 30. Januar geschlossen.

Preise: moderat

Parken: vor dem Haus

Bacalao

à la mallorquina

Zutaten für 4 Personen:

4 Stockfischfilets à 200 g
800 g Kartoffeln
1 rote Paprikaschote
1 grüne Paprikaschote
2 Bund Mangoldblätter
1/2 Bund Petersilie
1 Tomate
1 kleine Zwiebel
6 Knoblauchzehen
Rosinen und Pinienkerne
Salz, Pfeffer,
1 EL süßer Paprika
250 ml Olivenöl

Stockfisch auf mallorquinische Art

Für das Gemüse: Mangold in nicht zu feine Streifen schneiden, den Paprika, die Petersilie, die Tomate und die Zwiebel in kleine Würfel schneiden, Knoblauch filetieren. Alles zusammen mit den Rosinen, Pinienkernen, ein wenig Salz, Pfeffer und dem süßen Paprika und reichlich Olivenöl anbraten und dünsten.

Den Boden einer Kasserolle mit frittierten Kartoffeln auslegen und mit der Hälfte des Gemüses bedecken. Die Stockfischfilets darauflegen und das restliche Gemüse dazugeben. Mit Pergamentpapier abdecken und 45 min bei 250 Grad im Ofen schmoren. Das Papier entfernen und weitere 10 min schmoren.

Lomo

con col

Zutaten für 4 Personen:

8 große Kohlblätter
8 Scheiben Schweinelende
100 g Blutwurst
100 g Pilze der Saison
1 kleine Zwiebel
1 Möhre
1 gehäutete Tomate
1 Knoblauchzehe, gewürfelt
frischer Thymian
Salz, Pfeffer
Olivenöl
Rosinen und Pinienkerne

Schweinelende mit Kohl

Die Kohlblätter in einem Topf mit warmem Wasser einweichen, abtropfen lassen. Die Schweinelendenscheiben zusammen mit dem Knoblauch in einer Pfanne in Olivenöl anbraten. Jeweils eine Scheibe Fleisch in ein Kohlblatt einwickeln, die Päckchen nochmals in Olivenöl anbraten und in einen tönernen Schmortopf legen. Zwiebel, Tomate und Möhre würfeln und gar schmoren, Wasser hinzufügen, pürieren und zu den Kohl-Fleisch-Päckchen geben. Blutwurst und Pilze in einer Pfanne anbraten und mit den Rosinen, Pinienkernen und frischen Thymianzweigen in den Schmortopf geben. 30 min bei kleiner Flamme garen.

Bacalao

á la mallorquina

Zutaten für 4 Personen:

- 4 Stockfischfilets á 200g
- 800g Kartoffeln
- 1 rote Paprikaschote
- 1 grüne Paprikaschote
- 2 Bund Mangoldblätter
- 1/2 Bund Petersilie
- 1 Tomate
- 1 kleine Zwiebel
- 6 Knoblauchzehen
- Rosinen und Pinienkerne
- Salz, Pfeffer,
- 1 EL süßer Paprika
- 250ml Olivenöl

Stockfisch auf mallorquinische Art

Für das Gemüse: Mangold in nicht zu feine Streifen schneiden, den Paprika, die Petersilie, die Tomate und die Zwiebel in kleine Würfel schneiden, Knoblauch filetieren. Alles zusammen mit den Rosinen, Pinienkernen, ein wenig Salz, Pfeffer und dem süßen Paprika und reichlich Olivenöl anbraten und dünsten.

Den Boden einer Kasserolle mit frittierten Kartoffeln auslegen und mit der Hälfte des Gemüses bedecken. Die Stockfischfilets darauflegen und das restliche Gemüse dazugeben. Mit Pergamentpapier abdecken und 45 min bei 250 Grad im Ofen schmoren. Das Papier entfernen und weitere 10 min schmoren.

Lomo

con col

Zutaten für 4 Personen:

- 8 große Kohlblätter
- 8 Scheiben Schweinelende
- 100g Blutwurst
- 100g Pilze der Saison
- 1 kleine Zwiebel
- 1 Möhre
- 1 gehäutete Tomate
- 1 Knoblauchzehe, gewürfelt
- frischer Thymian
- Salz, Pfeffer
- Olivenöl
- Rosinen und Pinienkerne

Schweinelende mit Kohl

Die Kohlblätter in einem Topf mit warmem Wasser einweichen, abtropfen lassen. Die Schweinelendenscheiben zusammen mit dem Knoblauch in einer Pfanne in Olivenöl anbraten. Jeweils eine Scheibe Fleisch in ein Kohlblatt einwickeln, die Päckchen nochmals in Olivenöl anbraten und in einen tönernen Schmortopf legen. Zwiebel, Tomate und Möhre würfeln und gar schmoren, Wasser hinzufügen, pürieren und zu den Kohl-Fleisch-Päckchen geben. Blutwurst und Pilze in einer Pfanne anbraten und mit den Rosinen, Pinienkernen und frischen Thymianzweigen in den Schmortopf geben. 30 min bei kleiner Flamme garen.

Hotel Palau Sa Font

Palma

Ein sogenanntes Designerhotel, aber hier in konsequenter Vollendung, und das mitten in der historischen Altstadt von Palma. Größer könnten die Gegensätze nicht sein, und doch fühlt sich der Gast gleich wohl. Jedes Möbel ist speziell angefertigt, jeder Bereich hat seine eigene Pastellfarbe, und man fühlt sich leicht nach South Beach versetzt, bis man das Haus verläßt und die hohen engen Gassen von Palmas Altstadt betritt. Das Haus ist gleichermaßen ein Businesshotel wie es auch den arrivierten Genußreisenden anspricht, der die Kontrapunkte liebt. Auf dem Dachpatio gibt es einen kleinen Pool mit Jetstream und Whirlanlage, man kann hier mitten in der Stadt ein Sonnenbad nehmen. Ricarda Söhnlein und Tom Gösmann kommen beide aus der Hotellerie und haben hier nach einigen Stationen zu Wasser und zu Lande ihren Traum verwirklicht.

Hotel
Palau Sa Font

C/. Apuntadora, 38
E-07012 Palma
Fon: +34 (0) 971 - 71 22 77
Fax: +34 (0) 971 - 71 26 18
E-Mail: palausafont@atlas-iap.es
Internet: www.palausafont.com

Öffnungszeiten: immer geöffnet

Preise: 110 bis 200 €

Parken: Zum Ausladen anfahren, und dann beginnt die Suche!

Restaurant Porto Pi

Palma

1985 lernten wir hier Koldo Royo kennen und seine Kochkünste schätzen. Er öffnete sein eigenes Restaurant am Paseo Maritimo, und das Porto Pi verschwand in der kulinarischen Versenkung, bis 1995 Tomás Rodríguez Menéndez und Jacinto de Valle Peréz eine fulminante Erweckung einleiteten. Jacintos Kochkunst verschafft ihm einen Platz im Olymp der Kulinarier, und trotz mit den Jahreszeiten wechselnder Karte finden sich immer mehrere hinreißende Gerichte mit Enten- oder Gänseleber. Das elegante Restaurant liegt in einem schönen alten Herrenhaus im Stadtteil Porto Pi oberhalb des Club de Mar. Am Ende des Paseo Maritimo rechts hochfahren, links und gleich wieder rechts abbiegen. Mit Glück findet man einen Parkplatz – sonst parkt man am besten auf dem Dach des großen Porto-Pi-Centers und läuft die paar Meter. Es lohnt sich!

Restaurant
Porto Pi

Carrer Joan Miró, 174
E-07015 Palma
Fon: +34 (0) 971 - 40 00 87
Fax: +34 (0) 971 - 40 56 63
E-Mail: portopi@wanadoo.es
Internet:
www.illademallorca.com/
restauranteportopi

Öffnungszeiten: Samstag mittag
und Sonntag geschlossen

Preise: angemessen teuer

Parken: Porto-Pi-Center
und 100 m laufen

Tartado de salmón y rape

con crema de aguacate

Zutaten für 4 Personen:

400 g Lachs
200 g Seeteufel
2 Avocados
200 g Mayonnaise
Schnittlauch
Forellen-Kaviar
1 Zitrone
Olivenöl
100 ml Sahne
Salz
Milch

Lachs- und Seeteufeltörtchen mit Avocadocreme

Den Lachs und den Seeteufel zu einem Tartar verarbeiten, Zitronensaft, etwas Salz, kleingeschnittenen Schnittlauch sowie einen Spritzer Olivenöl dazugeben. Mindestens 30 min im Kühlschrank kalt stellen. Mayonnaise mit ein wenig Milch verrühren und den Forellenkaviar dazugeben. Die Avocados mit Sahne und einigen Tropfen Zitronensaft pürieren und salzen. Auf den Tellern das Fischtartar tortenförmig anrichten, mit Forellenkaviar dekorieren und die Avocadocreme und die Mayonnaise rundherum verteilen.

Lomo de corderito

lechal con trufa blanca

Zutaten für 4 Personen:

4 Lammrücken à 300 g
50 g weiße Trüffeln
1 Möhre
1 Lauchstange
1 kleine Zwiebel
1 Lorbeerblatt
grobkörniges Salz,
schwarze Pfefferkörner
weißes Trüffelöl
Gemüse der Saison

Milchlammrücken mit weißen Trüffeln

Für die Soße die Knochen des Lammrückens mit dem Gemüse anbraten, mit einem Glas Weißwein aufgießen und einkochen lassen. Mit Wasser bedecken und eine Stunde auf kleiner Flamme köcheln. Danach passieren und mit einer Mehlschwitze binden, wobei darauf zu achten ist, daß die Soße nicht zu schwer wird. Den Lammrücken braten oder etwa 10 min bei 200 Grad im Ofen schmoren. Die Trüffel schälen, in feine Stücke schneiden und kurz in ein wenig Olivenöl in einer Pfanne anbraten. Die Trüffel auf einer Seite der Teller anrichten, daneben den Lammrücken und etwas Gemüse geben. Das Lamm mit der Soße überziehen. Zum Schluß kann man das Gericht mit einigen Tropfen Trüffelöl beträufeln.

Tartado de salmón y rape

con crema de aguacate

Zutaten für 4 Personen:

400g Lachs
200g Seeteufel
2 Avocados
200g Mayonnaise
Schnittlauch
Forellen-Kaviar
1 Zitrone
Olivenöl
100ml Sahne
Salz
Milch

Lachs- und Seeteufeltörtchen mit Avocadocreme

Den Lachs und den Seeteufel zu einem Tartar verarbeiten, Zitronensaft, etwas Salz, kleingeschnittenen Schnittlauch sowie einen Spritzer Olivenöl dazugeben. Mindestens 30 min im Kühlschrank kalt stellen. Mayonnaise mit ein wenig Milch verrühren und den Forellenkaviar dazugeben. Die Avocados mit Sahne und einigen Tropfen Zitronensaft pürieren und salzen. Auf den Tellern das Fischtartar tortenförmig anrichten, mit Forellenkaviar dekorieren und die Avocadocreme und die Mayonnaise rundherum verteilen.

Lomo de corderito

lechal con trufa blanca

Zutaten für 4 Personen:

4 Lammrücken à 300g
50g weiße Trüffeln
1 Möhre
1 Lauchstange
1 kleine Zwiebel
1 Lorbeerblatt
grobkörniges Salz,
schwarze Pfefferkörner
weißes Trüffelöl
Gemüse der Saison

Milchlammrücken mit weißen Trüffeln

Für die Soße die Knochen des Lammrückens mit dem Gemüse anbraten, mit einem Glas Weißwein aufgießen und einkochen lassen. Mit Wasser bedecken und eine Stunde auf kleiner Flamme köcheln. Danach passieren und mit einer Mehlschwitze binden, wobei darauf zu achten ist, daß die Soße nicht zu schwer wird. Den Lammrücken braten oder etwa 10 min bei 200 Grad im Ofen schmoren. Die Trüffel schälen, in feine Stücke schneiden und kurz in ein wenig Olivenöl in einer Pfanne anbraten. Die Trüffel auf einer Seite der Teller anrichten, daneben den Lammrücken und etwas Gemüse geben. Das Lamm mit der Soße überziehen. Zum Schluß kann man das Gericht mit einigen Tropfen Trüffelöl beträufeln.

I Trofeo Baleares Clasico
117

138

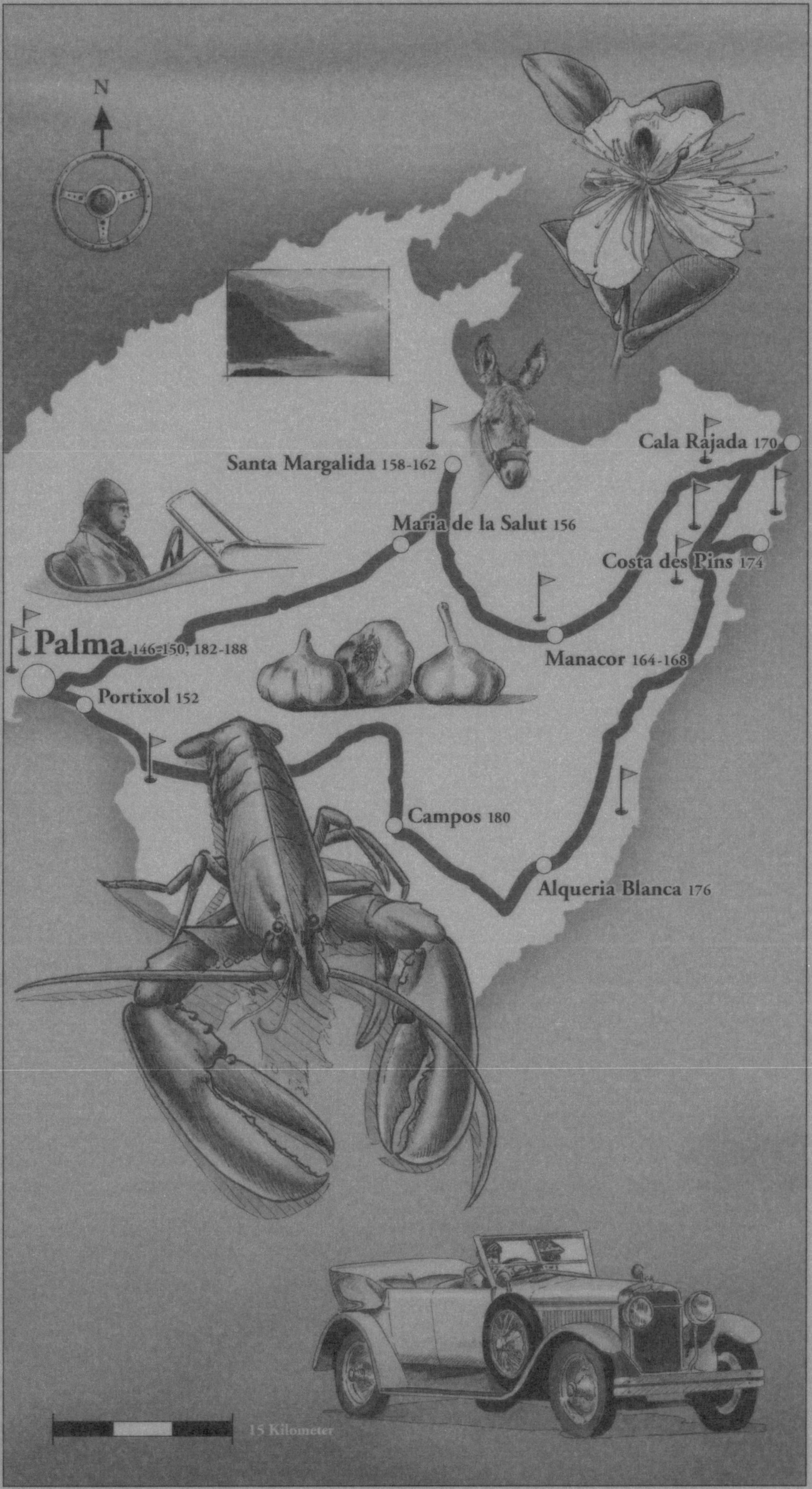
N
Santa Margalida 158-162
Maria de la Salut 156
Cala Rajada 170
Costa des Pins 174
Palma 146-150, 182-188
Portixol 152
Manacor 164-168
Campos 180
Alqueria Blanca 176
15 Kilometer

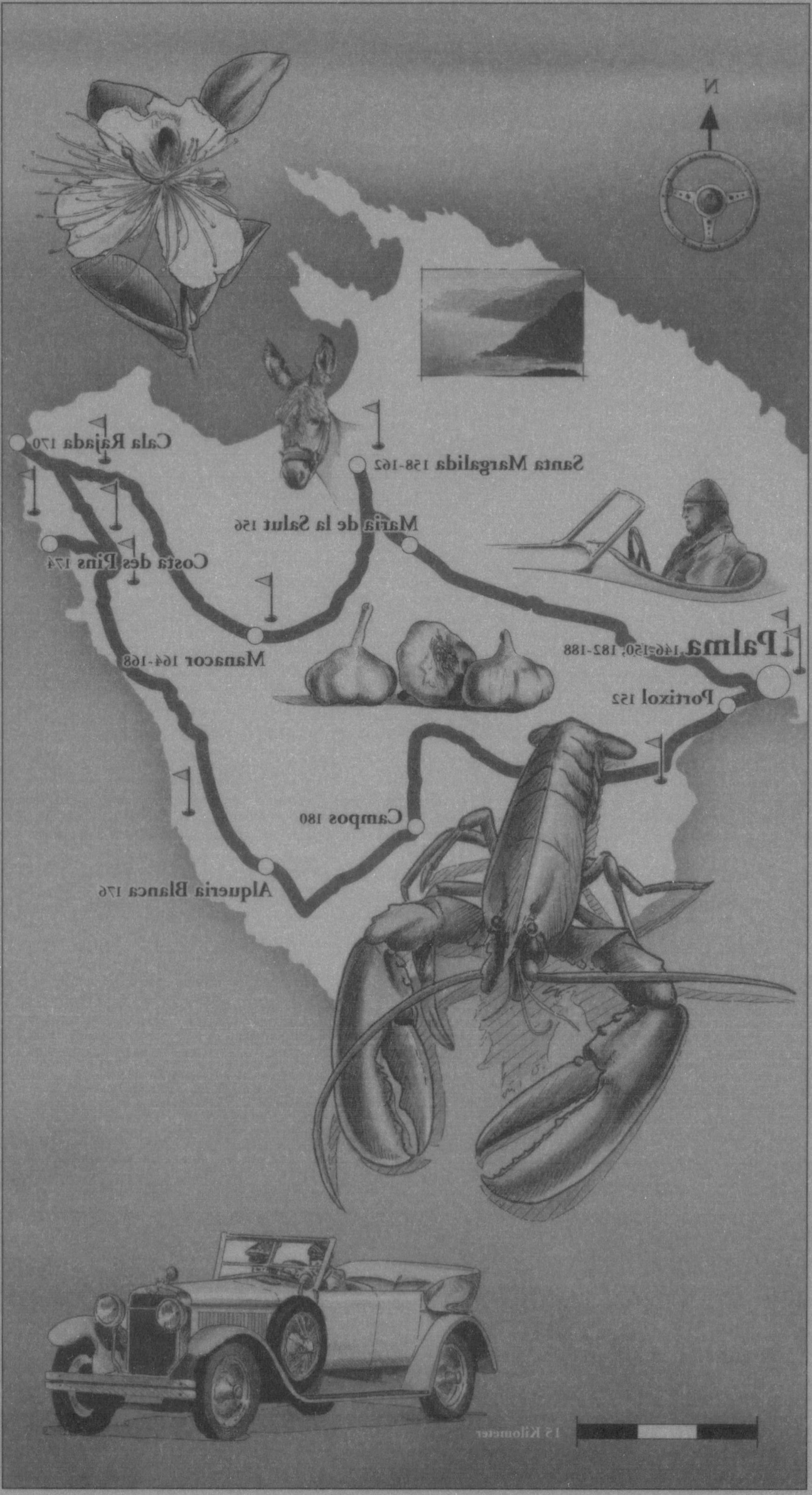
N
Cala Rajada 170
Santa Margalida 158-162
Maria de la Salut 156
Costa des Pins 174
Manacor 164-168
Palma 146-150, 182-188
Portixol 152
Campos 180
Alqueria Blanca 176
15 Kilometer

KRESS & NIERMANN
MOTORSPORT
71
71
17
UN 06255

URGENCIES
BIEBER KG
44
66
ORSCHE
OMP

Restaurant Parlament

Palma

Unsere dritte Reise, jetzt über den Ostteil der Insel, beginnt mit einem Lunch im Parlament. Eine Institution in Palma und Treffpunkt aller, die auf der Insel etwas zu sagen haben oder dies zumindest glauben. Vor allem mittags speisen hier Minister und Minesterialbeamte, Journalisten und Lobbyisten und ab und zu auch mal Touristen. Man wartet geduldig an der langen Theke beim Aperitiv auf einen Tisch, hätte besser reserviert und genießt dann traditionelle Gerichte, wie Zunge mit Kapern oder Nierchen. Die Paellas sind zu recht berühmt, eine der zahlreichen Zubereitungsarten heißt Paella de ciego, da man sie blind essen kann – garantiert keine Knochen oder Gräten – und ist sehr zu empfehlen. Der Sohn des Inhabers, Bartolomé Balaguer Reus, führt das große Restaurant mit hohen Stuckdecken und Kristallüstern mit kundiger Hand. Ein Lokal in der Tradition des späten 19. Jahrhunderts, hier ist die Zeit erfreulicherweise stehengeblieben.

Restaurant
Parlament

Carrer Conquistador, 11
E-07001 Palma
Fon: +34 (0) 971 - 72 60 26

Öffnungszeiten:
Sonntag geschlossen

Preise: moderat

Parken: mit Glück
vor dem Haus

Lengua braseada

en alcaparras

Zutaten für 4 Personen:

1 Kalbszunge 800 g
400 g Zwiebeln
400 g Tomaten
300 g Mohrrüben
50 g Kapern
1 kleine Knoblauchknolle
200 ml Weißwein
200 ml Olivenöl
2 l Wasser
Salz, Pfeffer

Kalbszunge mit Kapern

Die Kalbszunge mit heißem Wasser überbrühen, und die Haut von der Zunge abziehen. Zwiebeln, Tomaten, Mohrrüben und Knoblauchzehen klein hacken und in Olivenöl kurz anbraten. Die Kalbszunge salzen, pfeffern und hinzufügen. Wein und Wasser dazugeben und alles zusammen gar kochen lassen. Nun die Zunge herausnehmen, in kleine Stücke schneiden und in einen neuen Topf geben. Die anderen Zutaten pürieren und dann zu der Zunge geben. Jetzt die Kapern hinzufügen, und das Ganze auf kleiner Flamme 5 min gut durchziehen lassen. Mit Pommes frites oder Kartoffeln servieren.

Paella

de ciego

Zutaten für 4 Personen:

500 g Reis
1 l Brühe oder Wasser
200 g Hähnchen in Würfel geschnitten
200 g Schweinefleisch in Würfel geschnitten
200 g Tintenfisch in Würfel geschnitten
200 g geschälte Garnelen
100 g grüne Bohnen
100 g Erbsen
100 g rote Paprika
Safran, Knoblauch, Petersilie, Salz

Blinde Paella

Hähnchen und Schweinefleisch leicht in der großen Pfanne anbraten. Tintenfisch hinzufügen und bei kleiner Flamme dünsten. Bohnen, Erbsen, Paprika und Garnelen hinzufügen. Nach 10 min den Reis in die Pfanne streuen und weiter dünsten. Nach weiteren 10 min Wasser oder Brühe hinzufügen. Nun alles aufkochen, eine Prise Safran und einen kleingehackten Knoblauch und die kleingehackte Petersilie beifügen. 15 min garen lassen und in der großen Pfanne servieren.

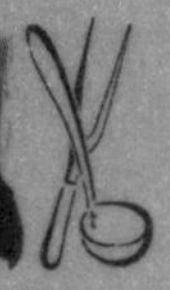

Lengua braseada

en alcaparras

Zutaten für 4 Personen:

1 Kalbszunge 800g
400g Zwiebeln
400g Tomaten
300g Mohrrüben
50g Kapern
1 kleine Knoblauchknolle
200ml Weißwein
200ml Olivenöl
2 l Wasser
Salz, Pfeffer

Kalbszunge mit Kapern

Die Kalbszunge mit heißem Wasser überbrühen, und die Haut von der Zunge abziehen. Zwiebeln, Tomaten, Mohrrüben und Knoblauchzehen klein hacken und in Olivenöl kurz anbraten. Die Kalbszunge salzen, pfeffern und hinzufügen. Wein und Wasser dazugeben und alles zusammen gar kochen lassen. Nun die Zunge herausnehmen, in kleine Stücke schneiden und in einen neuen Topf geben. Die anderen Zutaten pürieren und dann zu der Zunge geben. Jetzt die Kapern hinzufügen, und das Ganze auf kleiner Flamme 5 min gut durchziehen lassen. Mit Pommes frites oder Kartoffeln servieren.

Paella

de ciego

Zutaten für 4 Personen:

500g Reis
1 l Brühe oder Wasser
200g Hähnchen in Würfel geschnitten
200g Schweinefleisch in Würfel geschnitten
200g Tintenfisch in Würfel geschnitten
200g geschälte Garnelen
100g grüne Bohnen
100g Erbsen
100g rote Paprika
Safran, Knoblauch, Petersilie, Salz

Blinde Paella

Hähnchen und Schweinefleisch leicht in der großen Pfanne anbraten. Tintenfisch hinzufügen und bei kleiner Flamme dünsten. Bohnen, Erbsen, Paprika und Garnelen hinzufügen. Nach 10 min den Reis in die Pfanne streuen und weiter dünsten. Nach weiteren 10 min Wasser oder Brühe hinzufügen. Nun alles aufkochen, eine Prise Safran und einen kleingehackten Knoblauch und die kleingehackte Petersilie beifügen. 15 min garen lassen und in der großen Pfanne servieren.

Hotel Palacio Ca Sa Galesa

Palma

Hinter dem Palast des Bischofs von Palma und an seine Gärten angrenzend liegt der zauberhafte Palacio Ca Sa Galesa. Und wieder haben Engländer, in diesem Fall das Ehepaar Pollard, mit treffsicherem Geschmack ein Kleinod zum Hotel modifiziert, dabei die wichtigsten Räume nicht verändert, so daß man voller Lust die Bibliothek, die sonnengelbe Küche, den Speisesaal in ihrer Originalität erlebt. 12 großzügige Zimmer und Suiten bietet das Haus, und im Keller gibt es ein Römisches Bad mit Sauna und

Fitnessbereich. Der Palacio liegt erhöht in erster Reihe, und der Blick schweift über die Kathedrale, den Hafen und die Bucht von Palma. An der Bar bedient man sich selber und trägt den Konsum in eine kleine Kladde ein, in der Küche stehen der Samowar und eine Auswahl köstlicher Kuchen bereit. Ein ungewöhnliches Schmuckstück, von dem aus man zu Fuß Palma erobern kann.

Hotel
Palacio Ca Sa Galesa

Carrer de Miramar, 8
E-07001 Palma
Fon: +34 (0) 971 - 71 54 00
Fax: +34 (0) 971 - 72 15 79
E-Mail: reserves@fehm.es

Öffnungszeiten: immer geöffnet

Preise: 200 bis 250 €

Parken: Ausladen vor dem Haus und dann in der näheren Umgebung

Restaurant La Cuina

Portixol

Es geht Richtung Osten, und bevor die Autobahn beginnt, biegt man rechts ab in Richtung des kleinen Fischerhafens Portixol. Linker Hand liegt das La Cuina, das uns mit seiner puristischen, unverfälschten Küche begeistert hat. Nuria Torner empfängt die Gäste, und Jaime Ridó kocht. Man sitzt im sonniggelben Interieur oder auf der Terrasse mit Blick auf die Bucht und das Meer. Die Tageskarte richtet sich nach den frischen Fischen, die direkt vom Boot im Hafen nebenan gekauft werden. Während die Rallye zum Rundstreckenrennen auf der Strecke bei Llucmajor einläuft, genießen wir Calamar an schwarzem Reis und Verduras Salteadas, ein köstliches Gemüsegericht. Erfreulicherweise ist es uns gelungen, eine erkleckliche Anzahl mallorquinischer Restaurants zu finden, die mit typisch lokalen Gerichten einen kulinarischen Kontrapunkt zu den internationalen Küchen bieten.

Restaurant
La Cuina

Vicari Joaquín Fuster, 1
E-07100 Es Portixol
Fon: +34 (0) 971 - 27 46 44

Öffnungszeiten:
Mittwoch geschlossen,
August geschlossen
Juli, August Samstag und
Sonntag mittag
geschlossen

Preise: moderat

Parken: vor dem Haus

Verduras salteadas

Zutaten für 4 Personen:

Jeweils 100 g
grüner Spargel
Broccoli
Blumenkohl
Möhren
grüne Bohnen
Artischocken
Pilze der Saison
Olivenöl
Salz, Pfeffer

Sautiertes Gemüse

Das Gemüse putzen und in gleichmäßige, etwa 2 cm große Stücke schneiden. 2 min in Salzwasser blanchieren und mit Eiswasser abschrecken. Das Öl in einer Pfanne oder einem Wok auf großer Flamme erhitzen und das Gemüse sautieren, wobei mit den Artischocken begonnen wird. Danach die grünen Bohnen, Möhren, den Spargel, die Pilze, den Broccoli und den Blumenkohl hinzufügen. Mit Salz und Pfeffer abschmecken.

Calamares en su tinta

y arroz

Zutaten für 4 Personen:

20 kleine Kalamare
300 g Reis
2 rote Paprikaschoten
2 grüne Paprikaschoten
2 Zwiebeln
1 Knoblauchzehe
1 Tomate
die Tinte der Kalamare

Gefüllter Kalamar in eigener Tinte mit Reis

Die Kalamare säubern und den Tintenbeutel, die Flossen und Fangarme beiseitestellen. Für die Füllung die Flossen, Fangarme, eine grüne Paprikaschote, eine Zwiebel und eine Knoblauchzehe würfeln und in Olivenöl pochieren und salzen. Die Kalamare füllen, mit einem Zahnstocher verschließen und zur Seite stellen. Rote und grüne Paprikaschoten und die Zwiebel in Streifen schneiden, schmoren und die gehäutete Tomate sowie die Tinte hinzufügen und einkochen lassen. Zerkleinern und pürieren. Die gefüllten Kalamare in der Soße garen, mit gekochtem Reis servieren.

Verduras salteadas

Zutaten für 4 Personen:

Jeweils 100g
grüner Spargel
Broccoli
Blumenkohl
Möhren
grüne Bohnen
Artischocken
Pilze der Saison
Olivenöl
Salz, Pfeffer

Sautiertes Gemüse

Das Gemüse putzen und in gleichmäßige, etwa 2 cm große Stücke schneiden. 2 min in Salzwasser blanchieren und mit Eiswasser abschrecken. Das Öl in einer Pfanne oder einem Wok auf großer Flamme erhitzen und das Gemüse sautieren, wobei mit den Artischocken begonnen wird. Danach die grünen Bohnen, Möhren, den Spargel, die Pilze, den Broccoli und den Blumenkohl hinzufügen. Mit Salz und Pfeffer abschmecken.

Calamares en su tinta

y arroz

Zutaten für 4 Personen:

20 kleine Kalamare
300g Reis
2 rote Paprikaschoten
2 grüne Paprikaschoten
2 Zwiebeln
1 Knoblauchzehe
1 Tomate
die Tinte der Kalamare

Gefüllter Kalamar in eigener Tinte mit Reis

Die Kalamare säubern und den Tintenbeutel, die Flossen und Fangarme beiseitestellen. Für die Füllung die Flossen, Fangarme, eine grüne Paprikaschote, eine Zwiebel und eine Knoblauchzehe würfeln und in Olivenöl pochieren und salzen. Die Kalamare füllen, mit einem Zahnstocher verschließen und zur Seite stellen. Rote und grüne Paprikaschoten und die Zwiebel in Streifen schneiden, schmoren und die gehäutete Tomate sowie die Tinte hinzufügen und einkochen lassen. Zerkleinern und pürieren. Die gefüllten Kalamare in der Soße garen, mit gekochtem Reis servieren.

Aston Martin DB 3S

Hotel Finca Son Fugueró

Maria de la Salut

Und wieder werden wir „in the middle of nowhere" fündig. Maria Antonia Carbonell, Frau des bekannten Malers Pere Alemany, hat diese Finca zu einem schnuckeligen kleinen Landhotel gemacht. Abseits gelegen in totaler Ruhe, umgeben von einem Blumenmeer, bietet das Haus 5 großzügige Suiten, von denen keine kleiner als 75 qm ist. Auch hier finden wir wieder ein Table d'Hôtes, und die Küche überrascht jeden Tag von Neuem mit lokalen Köstlichkeiten. Man fährt die Straße von Sineu nach Maria, wie Maria de la Salut hier einfach genannt wird, und biegt beim Schild Son Fugueró auf einen hoppeligen Feldweg ab. Im Eßzimmer werden ab und an auch einmal Gäste von außerhalb bewirtet, aber im allgemeinen lebt man hier in ruhiger Abgeschiedenheit und kann total entspannen. Der kleine Pool liegt am Ende des Gartens.

Hotel
Finca Son Fugueró

Carretera Sineu-Maria de la Salut
E-07519 Maria de la Salut
Fon: +34 (0) 971 - 52 53 43
Fax: +34 (0) 971 - 52 56 76
E-Mail: info@sonfuguero.com
Internet: www.sonfuguero.com

Öffnungszeiten: November und Januar geschlossen

Preise: 190 bis 240 €

Parken: vor dem Haus

Restaurant El Casal im Santa Eulalia

Santa Margalida

Im Gewölbekeller des alten Weingutes Casal Santa Eulalia gibt es eine ganz und gar überraschende Küche. Juan Portillo, der aus Ibiza stammt, wurde zuerst von seinem Vater, der auch Chef de Cuisine ist, angelernt und kam nach kulinarischen Wanderjahren über Formentera und Menorca nach Mallorca. Es geht auch ohne Ritz oder Bocuse! Ein reiner Pitiuse, der mit überraschenden Einfällen eine leichte und sehr schmackhafte Küche bietet. Der Service ist sehr charmant, und die Anreise auch von außerhalb lohnt allemal. Das Restaurant liegt im alten Kellergewölbe der Finca. Im Sommer wird auch auf der herrlichen Terrasse serviert, oder es wird am Rande des Pools ein Barbecue veranstaltet. Juan stellt auf der folgenden Seite seine fulminate Thunfischterrine und eine Fischkombination vor.

Restaurant
El Casal im Santa Eulalia

Carretera Santa Margalida-
Alcudia, km 6
E-07450 Santa Margalida
Fon: +34 (0) 971 - 18 51 49
Fax: +34 (0) 971 - 18 51 61

Öffnungszeiten: Mitte November
bis Anfang März geschlossen

Preise: mittel

Parken: hinter dem Haus

Terrina de atún, tuétano y melón

confitado con vinagreta soja y gengibre

Zutaten für 4 Personen:

200 g Thunfischsteaks
200 g Kalbsmark
1/2 Melone
3 Nori-Blätter (Algen)
100 ml Sonnenblumenöl
100 ml Sesamöl
200 ml Sojasoße
Blattsalate
Ingwer
Bouillon
Zucker
Sherryessig
Dijonsenf
Salz, Pfeffer

Terrine aus Thunfisch, Knochenmark und eingelegter Melone mit einer Vinaigrette aus Sojasoße und Ingwer

Die Thunfischsteaks in rechteckige Stücke schneiden und 24 Stunden in Sojasoße und Sesamöl marinieren. Kalbsmark in Folie einwickeln und 3 min in Bouillon pochieren. Die Melone 2 min in einer Mischung aus Sirup (Wasser und Zucker), Sherry-Essig und Dijonsenf einlegen. Noriblätter in Wasser einweichen und auf einem sauberen trockenen Tuch ausbreiten. Für die Vinaigrette Sojasoße mit Zucker aufkochen, vom Feuer nehmen und Öl, Salz und Pfeffer hinzufügen. Die Wände einer Terrinenform aus rostfreiem Stahl mit den Noriblättern auslegen. Ein Blatt zur Seite legen. Die Thunfischsteaks in die Form geben, das lauwarme Knochenmark darauf verteilen und zuletzt die Melonenscheiben hinzufügen. Die Terrine mit dem verbleibenden Noriblatt bedecken, gut mit Küchenfolie umwickeln, mit einem Gewicht beschweren und kaltstellen. Die Terrine nach zwei Stunden stürzen und in Scheiben geschnitten mit der Vinaigrette auf Tellern anrichten.

„Guisat" de mero y „Cap roig"

con alioli de hierbas frescas

Zutaten für 4 Personen:

1 kg Zackenbarsch
1 kg roter Drachenkopf
4 Kartoffeln, geschnitten
1 Zwiebel, gewürfelt
2 Knoblauchzehen
2 Lorbeerblätter
100 ml Weißwein
Safran

Für die Alioli:
2 Knoblauchzehen
1 Ei
100 ml Olivenöl
100 ml Sonnenblumenöl
Salz, Pfeffer
frische Kräuter
Spinat
Möhren

Zackenbarsch und roter Drachenkopf mit Alioli aus frischen Kräutern

Den Fisch säubern, entgräten und filetieren. Köpfe und Mittelgräte aufbewahren. Zwiebel, Knoblauch, Safran und Lorbeerblätter in Olivenöl andünsten, Kartoffeln dazugeben und den Weißwein dazugießen. Einkochen lassen, bis der Wein verdampft ist, Wasser hinzufügen und etwa 5 min mit den Köpfen und Mittelgräten kochen, bis die Kartoffeln gar sind. Köpfe und Mittelgräten entfernen und die gewürfelten Fischfilets hinzufügen. Einige Minuten kochen, bis der Fisch gar ist. Knoblauch, Ei, Salz, Pfeffer und die frischen Kräuter im Mixer zerkleinern, Öl hinzugeben, bis die Alioli fest wird. Mit frischem Spinat und knackigen Möhren servieren.

Hotel Casal Santa Eulalia

Santa Margalida

Welch ein Projekt! Die Finca wird zuerst im 13. Jahrhundert erwähnt, wuchs dann zu einem der größten Besitztümer des nördlichen Mallorca. Die drei jetzigen Besitzer schufen mit Hilfe der Innenarchitektin Barbara Flaquer ein imposantes Landhotel mit 25 großzügigen Zimmern. Schöne Aufenthaltsräume, große Terrassen bieten einen Blick über das weite Land und die Bucht von Alcudia. Es gibt zwei Pools, von denen der größere in einen alten Sandsteinbruch integriert ist. Der Charme und die rustikale Eleganz dieses großzügigen Landgutes schaffen ein äußerst komfortables Ambiente, das zu längerem Verweilen geradezu einlädt. Das umfangreiche Sportangebot umfaßt Tennisplatz, Putting-Green, Reiten, Fitness und Jacuzzi, die alle inhouse angeboten werden.

Hotel
Casal Santa Eulalia

Carretera Santa Margalida-
Alcudia, km 6
E-07450 Santa Margalida
Fon: +34 (0) 971 - 18 51 49
Fax: +34 (0) 971 - 18 51 61

Öffnungszeiten:
Mitte November bis
Anfang März geschlossen

Preise: 150 bis 200 €

Parken: vor dem Haus

N
Circuitos del Motors
100 Meter

Restaurant La Reserva Rotana

Manacor

Seit 1998 kocht hier Roland Schulte, der im Residence in Essen lernte, dann zwangsweise Soldaten verwöhnte, danach in Rockendorfs Restaurant in Berlin den letzten kulinarischen Schliff bekam und dann nach Mallorca zog. Seine Küche verwöhnt auch den anspruchsvollen Gaumen, ist sicher eine Reise wert, falls man nicht sowieso im La Reserva wohnt, was man sich unbedingt gönnen sollte, und wenn man sich und ihm einen Spaß machen möchte, dann läßt man ihn am besten kochen, ohne vorher die Speisekarte zu befragen. Nicht daß diese kärglich wäre, aber der größte Kochspaß kommt eben aus der momentanen kulinarischen Inspiration – so sagt der Chef. Ein schönes Restaurant in der kühlen Jahreszeit und ein idyllischer Patio Open Air im Sommer.

Restaurant
La Reserva Rotana

Carrer de S'Avall, km 3
E-07500 Manacor
Fon: +34 (0) 971 - 84 56 85
Fax: +34 (0) 971 - 55 52 58

Öffnungszeiten: immer geöffnet

Preise: angemessen hoch

Parken: vor dem Haus

Gazpacho amarillo

con cigalas

Zutaten für 4 Personen:

2 gelbe Paprika
2 gelbe Zucchini
400 g gelbe Kirschtomaten
1 Gurke
1 Knoblauchzehe
50 ml Olivenöl extra vergine
250 ml Fleischbrühe
1 - 2 EL weißer Balsamico
Salz, Pfeffer
4 Kaisergranaten

Gelbe Gazpacho mit Kaisergranaten

Paprika, Zucchini und Gurke schälen und vom Kerngehäuse befreien. Das ganze Gemüse und den Knoblauch klein schneiden und mit einem Mixer grob pürieren. Mit der Fleischbrühe und dem Olivenöl auffüllen und mit Balsamico, Salz und Pfeffer abschmecken. Kaltstellen und eine Stunde ziehen lassen. Die Kaisergranaten ausbrechen und mit Salz und Pfeffer würzen. In einer heißen Pfanne in Olivenöl 2 min von jeder Seite braten. Zusammen mit der Gazpacho servieren.

Pato al horno

en su salsa, pure y hojas de coles de Brusela

2 Enten a 800 g küchenfertig

I:
2 Äpfel
1 Zwiebel
1 Strauß frischer Majoran
Salz, Pfeffer

II:
2 EL Olivenöl
100 g Sellerie
100 g Möhren
100 g Zwiebeln
100 g Lauch
1 Lorbeerblatt
1 l Weißwein
250 ml Rotwein
Salz, Pfeffer

III:
1,5 kg Rosenkohl
1 Zwiebel
150 g geräucherter Speck
1 l Gemüsebrühe
300 ml Sahne
50 g Butter
Salz, Pfeffer, Muskat

Bauernente aus dem Ofen an eigener Soße und Rosenkohlpüree und -blätter

I in grobe Würfel schneiden und würzen. Die Enten in Salzwasser 5 min kochen. Herausnehmen, mit I füllen und von außen salzen und pfeffern. II in einer Kasserolle mit Olivenöl anbraten und mit Weißwein ablöschen. Enten mit der Brust nach oben in die Kasserolle setzen und 2 Stunden bei 150 Grad im Ofen braten. Alle 30 min mit dem Bratensaft übergießen. Die Enten herausnehmen, auf einem Rost 10 min bei 200 Grad im Ofen entfetten. Den Bratenfond durch ein feines Sieb geben, mit Rotwein aufgießen, auf ein Viertel reduzieren und würzen. Für III die äußeren Blätter vom Rosenkohl entfernen. Einige weitere Blätter abzupfen und in Salzwasser blanchieren. In einem Topf Butter erhitzen, Zwiebel und Speck sowie die Rosenkohlherzen hineingeben, mit Gemüsebrühe auffüllen und garen. Die Flüssigkeit abgießen und den Rosenkohl in einem Mixer mit Sahne pürieren und mit Salz, Pfeffer und Muskat abschmecken. Vor dem Anrichten die Rosenkohlblätter in Butter mit Zwiebeln erhitzen und würzen. Nun die Enten in vier gleiche Teile teilen, auf den Tellern anrichten, Das Püree danebengeben, mit den Blättern dekorieren, und die Ententeile mit der Soße übergießen.

Hotel La Reserva Rotana

Manacor

Rolling Hills in der Nähe von Manacor, und auf einem dieser Hügel liegt das Rotana. Der Eigner lebt hier seit 30 Jahren und hat das Haus vor einigen Jahren selber zum Hotel umgebaut. Die Lust am Golfspiel führte zu einem 9-Loch-Platz, der um das Haus herum angelegt wurde und exklusiv für die Gäste da ist. Großwildköpfe an den Wänden zeugen vom Jagdglück des Eigners, kurzum, das Ambiente der Reserva ist sehr persönlich, individuell und ungewöhnlich. Directora Maria Rodríguez Bécares ist der gute Engel des Hauses. 21 sehr individuelle Zimmer und Suiten runden das behagliche Bild ab. Einige Zimmer und Juniorsuiten liegen am Pool, und die Anlage ist umgeben von blühenden Gärten und durchzogen von lauschigen Höfen. Im Tal in ca. 3 km Entfernung betreibt das Rotana die urwüchsigere Dependanz Maiolet. In einer ursprünglichen Finca liegen 12 Doppelzimmer zu günstigeren Preisen.

Hotel
La Reserva Rotana

Carrer de S'Avall, km 3
E-07500 Manacor
Fon: +34 (0) 971 - 84 56 85
Fax: +34 (0) 971 - 55 52 58

Öffnungszeiten:
immer geöffnet

Preise: Rotana 200 bis 450 €
Maiolet 110 bis 140 €

Parken: vor den Häusern

Restaurant Ses Rotges

Cala Rajada

Tja, wie kommt ein Restaurant wie Ses Rotges nach Cala Rajada? Die Antwort kann nur heißen – es war schon da, bevor Cala Rajada wurde, was es heute ist. Und Chef und Proprietaire Gérard Tétard, der in Lyon gebürtig ist, mit seiner Frau Laurence halten hier seit über 20 Jahren den Stern hoch und präsentieren eine klassische französische Küche, die auch einen von Paris oder Lyon verwöhnten Gaumen befriedigen kann. Foie gras, köstliche klassische Fischzubereitungen und wunderbare Desserts verwöhnen den Gast in einem Restaurant mit einem zeitlosen Ambiente, das genausogut auch in Bordeaux oder Carpentras stehen könnte. Im Sommer wird im palmenumrandeten Jardin serviert. Bei übermäßigem Weinkonsum gibt es auch 24 Zimmer im Hause, die allerdings den Charme der späten 50iger verströmen – aber nach diesem hinreißendem Essen – no problemo!

Restaurant
Ses Rotges

C/. Rafael Blanes, 21
E-07590 Cala Rajada
Fon: +34 (0) 971 - 56 31 08
Fax: +34 (0) 971 - 56 43 45
E-Mail: rotges@baleares.com

Öffnungszeiten: immer geöffnet

Preise: mittel, angemessen

Parken: vor dem Haus

Supremes de pigeon aux chanterelles

et haricots verts escalope de foie gras de canard poelee

Zutaten für 4 Personen:

8 ganze Tauben
4 Entenstopfleberschnitzel
400 g gut gesäuberte Pfifferlinge
400 g nicht zu weich gekochte, feine grüne Bohnen
500 ml trockener Weißwein
500 ml Wasser
100 ml Cognac
100 g Möhren
100 g Zwiebeln
1 Bouquet garni
100 g geklärte Butter
100 g gewürfelte Butter
Salz, Pfeffer

Taubenbrüste mit Pfifferlingen und grünen Bohnen an in der Pfanne gebratenem Entenstopfleberschnitzel

Taubencarcassen und -schlegel anbraten. Möhren, Zwiebeln, Bouquet garni, Wasser und Weißwein hinzugeben und eine Stunde köcheln lassen. Durch ein feines Sieb passieren und um die Hälfte reduzieren. Die Taubenbrüste 5 min in einer Schwenkkasserolle auf der Hautseite und 2 min auf der anderen Seite in geklärter Butter bräunen, in einem angewärmten Behältnis beiseitestellen. Das Fett aus der Schwenkkasserolle entfernen, Cognac und Taubenfond hinzugeben, einkochen, würzen und warmstellen. Pfifferlinge und grüne Bohnen in Butter fertiggaren, würzen und auf 4 vorgewärmten Tellern anrichten. Die 4 Entenlebern beidseitig in der Pfanne braten, würzen und auf das Gemüse geben, darauf die heißen Taubenbrüste anrichten, vorher die Haut abziehen. Die gewürfelte Butter in die Soße geben, aufschlagen und die Taubenbrüste damit überziehen. Nach Belieben dekorieren.

Fricassee de Saint-Pièrre

et d'ecrevisses sauce moutarde a l'ancienne au noilly prat

Zutaten für 4 Personen:

2 x 150 g Petersfisch-Filets in Streifen geschnitten
25 Krebsschwänze
800 g frische Spinatblätter
40 g Schalotten
100 g geklärte Butter
Salz, Pfeffer

Für die Soße:
250 ml Noilly Prat
250 ml Fischfond
500 ml flüssige Sahne
50 g grobkörnigen Senf
Salz, Peffer

Petersfisch-Krebs-Frikassee an Senfsoße nach altem Rezept mit Noilly Prat

Petersfisch-Filets waschen, trocknen und in Rauten schneiden. Krebsschwänze 6 min dämpfen und dann schälen. Die Zutaten der Soße um die Hälfte einkochen, den Senf hinzugeben, nachwürzen und warmstellen. Spinatblätter und die in Streifen geschnittenen Schalotten in Butter anschwitzen und auf 4 vorgewärmten Tellern anrichten. Nun Butter in einer beschichteten Pfanne erhitzen und den Petersfisch auf der Hautseite 3 min bräunen, dann die Krebsschwänze hinzugeben. Würzen, auf dem Spinat anrichten und die sehr heiße Soße darüber gießen. Als Dekoration: kleine rote Krebse, Petersilie, Blüten.

Supremes de pigeon aux chanterelles

et haricots verts escalope de foie gras de canard poelee

Zutaten für 4 Personen:

8 ganze Tauben
4 Entenstopfleberschnitzel
400g gut gesäuberte Pfifferlinge
400g nicht zu weich gekochte, feine grüne Bohnen
500ml trockener Weißwein
500ml Wasser
100ml Cognac
100g Möhren
100g Zwiebeln
1 Bouquet garni
100g geklärte Butter
100g gewürfelte Butter
Salz, Pfeffer

Taubenbrüste mit Pfifferlingen und grünen Bohnen an in der Pfanne gebratenem Entenstopfleberschnitzel

Taubencarcassen und -schlegel anbraten. Möhren, Zwiebeln, Bouquet garni, Wasser und Weißwein hinzugeben und eine Stunde köcheln lassen. Durch ein feines Sieb passieren und um die Hälfte reduzieren. Die Taubenbrüste 5 min in einer Schwenkkasserolle auf der Hautseite und 2 min auf der anderen Seite in geklärter Butter bräunen, in einem angewärmten Behältnis beiseitestellen. Das Fett aus der Schwenkkasserolle entfernen, Cognac und Taubenfond hinzugeben, einkochen, würzen und warmstellen. Pfifferlinge und grüne Bohnen in Butter fertiggaren, würzen und auf 4 vorgewärmten Tellern anrichten. Die 4 Entenlebern beidseitig in der Pfanne braten, würzen und auf das Gemüse geben, darauf die heißen Taubenbrüste anrichten, vorher die Haut abziehen. Die gewürfelte Butter in die Soße geben, aufschlagen und die Taubenbrüste damit überziehen. Nach Belieben dekorieren.

Fricassee de Saint-Pièrre

et d'ecrevisses sauce moutarde a l'ancienne au noilly prat

Zutaten für 4 Personen:

2 x 150g Petersfisch-Filets in Streifen geschnitten
25 Krebsschwänze
800g frische Spinatblätter
40g Schalotten
100g geklärte Butter
Salz, Pfeffer

Für die Soße:
250ml Noilly Prat
250ml Fischfond
500ml flüssige Sahne
50g grobkörnigen Senf
Salz, Pfeffer

Petersfisch-Krebs-Frikassee an Senfsoße nach altem Rezept mit Noilly Prat

Petersfisch-Filets waschen, trocknen und in Rauten schneiden. Krebsschwänze 6 min dämpfen und dann schälen. Die Zutaten der Soße um die Hälfte einkochen, den Senf hinzugeben, nachwürzen und warmstellen. Spinatblätter und die in Streifen geschnittenen Schalotten in Butter anschwitzen und auf 4 vorgewärmten Tellern anrichten. Nun Butter in einer beschichteten Pfanne erhitzen und den Petersfisch auf der Hautseite 3 min bräunen, dann die Krebsschwänze hinzugeben. Würzen, auf dem Spinat anrichten und die sehr heiße Soße darüber gießen. Als Dekoration: kleine rote Krebse, Petersilie, Blüten.

Mercedes Benz 300 SE

Restaurant La Piazetta

Costa des Pins

Ein Italiener auf Mallorca – hatten wir nicht schon Deutsche, Schweizer und Franzosen, von Mallorquin ganz zu schweigen – also doch erlaubt, zumal Pasquale Valluzzi hier die leichte italienische Küche zelebriert, die wir so sehr schätzen. Rüde wurde er von einem Stammgast aus seinem Lokal in Neu Isenburg gerissen, der meinte, Pasquale müsse unbedingt nach Mallorca kommen. Er folgte dem Ruf der Wüste und kocht jetzt seit 3 Jahren in seinem sehr typischen eleganten italienischen Lokal direkt neben dem Golfclub von Costa de los Piños mit großem Erfolg. An den Wänden hängen die Bilder der Celebrities, die hier regelmäßig nach getaner Golfarbeit speisen. Hiermit rundet sich das internationale Bild der auf Mallorca vertretenen Küchen ab.

Restaurant
La Piazzetta

Calle Golf, s/n
E-07550 Costa des Pins
Fon: +34 (0) 971 - 84 03 84
Fax: +34 (0) 971 - 84 04 09

Öffnungszeiten:
Mitte November bis
Mitte Dezember und
Mitte Januar bis
Mitte Februar geschlossen

Preise: mittel

Parken: vor dem Haus

Carpaccio de patatas

con setas frescas

Zutaten für 4 Personen:

10 g Petersilie
2 Kartoffeln à 250 g
300 g frische Steinpilze
Salz
Pfeffer
200 ml Sahne
Olivenöl extra vergine

Kartoffelcarpaccio mit frischen Steinpilzen

Die geschälten Kartoffeln in ca. 1 cm dicke Scheiben schneiden und in Olivenöl frittieren, anschließend auf Küchenpapier abtropfen lassen. Die Steinpilze in etwas Olivenöl mit Petersilie, Salz und Pfeffer kurz anbraten, anschließend die Sahne hinzugeben und etwas einkochen lassen. Nun die Masse auf die heißen Kartoffelscheiben geben und mit einem Petersilienzweig garnieren.

Lonchas

de lubina

Zutaten für 4 Personen:

1200 g Seewolf
Salz
Pfeffer
Rosmarin
Salbei
Zitronensaft
Olivenöl extra vergine
10 Cocktailtomaten

Tagliata vom Seewolf

Den Seewolf filetieren und in ca. 10 cm große Stücke schneiden. Salzen und pfeffern, in eine Kasserolle mit etwas Öl, Rosmarin, Salbei, Zitronensaft und Cocktailtomaten geben. Nun im vorgeheizten Backofen bei 180 Grad ca. 20 min garen. Vor dem Servieren mit Olivenöl beträufeln. Dazu Blattspinat und Kartoffeln oder Reis servieren.

Restaurant Es Clos

Alqueria Blanca

Irgendwann fällt einem der gemeine grauselig graue Himmel auch in Blankenese auf den Kopf, und so verkaufte Iris Seybold nach 15 Jahren ihr bekanntes Flic Flac und zog nach Mallorca, erwarb den „kleinen geschlossenen Kräutergarten", nämlich das Es Clos, und macht seitdem hier eine köstliche internationale Küche mit teilweise pikanten Gewürzen und viel Fantasie. Die gedeckte Terrasse grenzt direkt an den üppigen Garten und ist auch in der kühleren Jahreszeit dank der Heizstrahler bestens benutzbar. Unbedingt reservieren, da ja hier im Südosten die kulinarische Szene nicht so dicht und daher der Andrang entsprechend groß ist. Und endlich genossen wir die Offenbarung in Form einer ordinären Bulette, auch Frikadelle genannt, hier aus köstlichem Entenfleisch und pikant gewürzt.

Restaurant
Es Clos

Carrer Convento, 17
E-07691 Alqueria Blanca
Fon: +34 (0) 971 - 65 34 04
Fax: +34 (0) 971 - 65 34 04

Öffnungszeiten:
Montag geschlossen,
Ende Oktober bis Mitte
Dezember geschlossen

Preise: angemessen hoch

Parken: neben dem Haus

Gratin

de langostinos

Zutaten für 4 Personen:

20 große halbierte Gambas
2 mittlere Salatgurken, geschält, entkernt und in 5-mm-Scheiben geschnitten
1 EL Tomatenmark
1 kleine Dose geschälte Tomaten
400 ml Sahne
1 TL Sambal Olek
1 TL Dill
Salz, Pfeffer, Zucker

Gratin mit Langostinos

300 ml Sahne mit Tomatenmark und den geschälten Tomaten aufkochen. Sambal Olek dazugeben. Mit Salz, Pfeffer und Zucker abschmecken, den Dill einrühren, die Gurkenscheiben dazugeben und in der Soße knackig dünsten. Einen Suppenteller mit den Gurken auslegen, etwas Soße hinzugeben und mit den Gambas belegen. 10 ml Sahne steif schlagen und unter den Rest der Soße heben. Damit die Gambas überziehen. Backofen auf höchste Stufe Oberhitze stellen und das Gratin gut Farbe nehmen lassen. Mit Dillzweig garnieren.

Albondingas

de pato con col

Zutaten für 4 Personen:

300 g gebratene Entenkeule ohne Knochen
300 g Hühnerbrust roh
60 g eingeweichtes Weißbrot
2 Eier
1 EL Senf
50 g geraspelte Karotten
1/2 Apfel
1 Zwiebel
1 TL Majoran
Salz, Pfeffer
1/2 Wirsing
Sahne
Butter
Muskat
Salz
500 g geschälte Kartoffeln

Entenfrikadelle auf Wirsing

Fleisch, Gemüse und Brot erst durch die grobe und danach durch die feine Scheibe des Fleischwolfes lassen. Mit den Gewürzen abschmecken. Kleine Frikadellen formen und langsam braten. Wirsing vom Strunk und dicken Blättern befreien, in grobe Streifen schneiden und in wenig Salzwasser weich dünsten. Mit Sahne, Butter und Muskat abschmecken. Die Kartoffeln in Salzwasser weich dünsten, abschütten, zerstampfen und mit Sahne und Butter glattrühren. Mit Salz abschmecken. Anrichten und servieren.

Gratin

de langostinos

Zutaten für 4 Personen:

20 große halbierte Gambas
2 mittlere Salatgurken, geschält, entkernt und in 5-mm-Scheiben geschnitten
1 EL Tomatenmark
1 kleine Dose geschälte Tomaten
400 ml Sahne
1 TL Sambal Olek
1 TL Dill
Salz, Pfeffer, Zucker

Gratin mit Langostinos

300 ml Sahne mit Tomatenmark und den geschälten Tomaten aufkochen. Sambal Olek dazugeben. Mit Salz, Pfeffer und Zucker abschmecken, den Dill einrühren, die Gurkenscheiben dazugeben und in der Soße knackig dünsten. Einen Suppenteller mit den Gurken auslegen, etwas Soße hinzugeben und mit den Gambas belegen. 10 ml Sahne steif schlagen und unter den Rest der Soße heben. Damit die Gambas überziehen. Backofen auf höchste Stufe Oberhitze stellen und das Gratin gut Farbe nehmen lassen. Mit Dillzweig garnieren.

Albondingas

de pato con col

Zutaten für 4 Personen:

300 g gebratene Entenkeule ohne Knochen
300 g Hühnerbrust roh
60 g eingeweichtes Weißbrot
2 Eier
1 EL Senf
50 g geraspelte Karotten
1/2 Apfel
1 Zwiebel
1 TL Majoran
Salz, Pfeffer
1/2 Wirsing
Sahne
Butter
Muskat
Salz
500 g geschälte Kartoffeln

Entenfrikadelle auf Wirsing

Fleisch, Gemüse und Brot erst durch die grobe und danach durch die feine Scheibe des Fleischwolfes lassen. Mit den Gewürzen abschmecken. Kleine Frikadellen formen und langsam braten. Wirsing vom Strunk und dicken Blättern befreien, in grobe Streifen schneiden und in wenig Salzwasser weich dünsten. Mit Sahne, Butter und Muskat abschmecken. Die Kartoffeln in Salzwasser weich dünsten, abschütten, zerstampfen und mit Sahne und Butter glattrühren. Mit Salz abschmecken. Anrichten und servieren.

UN-06255
78

Hotel Finca Son Bernadinet

Campos

Es gab mal einen Gast, der hat die Guardia Civil gerufen, weil ein Huhn gackerte und er angeblich nicht schlafen konnte. Die riet ihm, doch an den Paseo Maritimo zu ziehen, und zog lachend wieder ab – denn hier herrscht des nachts eine so unglaubliche Stille, daß es den Städter beinahe schmerzt. 1999 zum besten Landhotel Spaniens gekürt, ist das Son Bernadinet ein Schmuckstück, das seinesgleichen sucht. Eine großzügige Situation mit Park, Pool und kleinen Gästehäusern. Im Haupthaus liegen auch

Hotel
Finca Son Bernadinet

Crta. Campos – Porreres km 5,9
E-07630 Campos
Fon: +34 (0) 971 - 18 16 50
Fax: +34 (0) 971 - 18 60 43

Öffnungszeiten: immer geöffnet

Preise: 175 bis 250 €

Parken: vor dem Haus

Ausstattung: Pool, Tennis

zwei Gästezimmer und das kleine Restaurant, das nur für die Hausgäste sorgt. Obst, Gemüse, Mandeln, Limetten etc. werden aus eigenem Anbau in der Küche verwertet, und die Salons mit schönen Bildbänden auf den Sideboards und exzellenten Stereoanlagen verwöhnen mit großer Musikauswahl. Alles im minimalistischen Stil des Architekten Antonio Esteva, der im Auftrag der Hausherrin Francisca Bonet dieses ganz besondere Finca-Hotel renovierte und neu erschuf.

Restaurant Casa Eduardo

Palma

Direkt neben der Fischbörse zu liegen, und das seit 1944, ist hier der Frischegarant. Zumal die wachen Augen von Antonia Carasco Pons, die den Familienbetrieb führt, alles sehen und dirigieren. Hier sind die Kellner mindestens 20 Jahre im Haus, hier wird traditionelle, leckere mallorquinische Küche gekocht. An den Wänden hängen alte Photos von Palma und Hafen (es gab hier auch einmal einen Wasserflugzeugverkehr) und der Insel aus den Zeiten vor der touristischen Invasion. In der Kneipe vor dem Restaurant kippen die Fischer einen Kurzen, und aus den Fenstern blickt man zuerst auf die Mole mit den Fischerbooten und weiter auf eine Reihe von Yachten und die großen Werften, die in Palma sowohl Schiffbau wie auch Überholung anbieten. Ein wunderbar konservativer Laden, der auch zu den richtigen Zeiten (März bis Oktober) frische Langusten aus Menorca anbietet.

Restaurant
Casa Eduardo

C/. Industria Pesquera, no.4
E-07012 Palma
Fon: +34 (0) 971 - 72 11 82
Fax: +34 (0) 971 - 72 11 82

Öffnungszeiten:
Sonntag und
Montag geschlossen,
Mitte Dezember bis
Mitte Januar geschlossen.

Preise: mittel

Parken: neben dem Haus

Calamares

rellenos

Zutaten für 4 Personen:

8 große Kalamare
250 g geschälte Garnelen
250 g Miesmuscheln
250 g Venusmuscheln
3 Zwiebeln
1 Zweig Petersilie
1 Selleriestange
500 g Tomaten
1 Lauchstange
2 gekochte Eier
2 rohe Eier
Rosinen und Pinienkerne
1 TL Paprikapulver
Salz, Pfeffer
1 Schuß Cognac
3 EL Mehl,
Fischfond

Gefüllte Kalamare

Zwiebeln, Fangarme der Kalamare, Miesmuscheln, Venusmuscheln und Garnelen in sehr kleine Stücke schneiden, die gekochten Eier hacken und alles zusammen anbraten. Paprikapulver, Mehl, einen Schuß Cognac sowie einen Löffel Fischfond dazugeben und die beiden rohen Eier unter die Masse heben. Kalamare in Wasser kochen, mit der Mischung füllen und mit einem Zahnstocher verschließen, in eine tönerne Kasserolle legen, mit einem Eßlöffel Fischfond beträufeln und etwa 10 min mit der restlichen Füllung kochen. Mit weißem Reis servieren.

Mero

mallorquino

Zutaten für 4 Personen:

4 Filets vom Zackenbarsch
1 kg Zwiebeln
500 g reife Tomaten
1 Zweig frische Petersilie
1 Knoblauchknolle
1 grüner Paprika
1 roter Paprika
1,5 kg Kartoffeln
200 ml Weißwein
500 ml Olivenöl
Rosinen, Pinienkerne
Pfeffer, Salz
1 EL Paprikapulver

Zackenbarsch auf mallorquinische Art

Zwiebeln, Knoblauch, Petersilie, Paprika und Tomaten klein schneiden. Öl in einer großen Kasserolle aus Ton erwärmen, die Fischfilets hinzugeben und goldbraun anbraten, dann aus der Kasserolle nehmen, trockentupfen und zur Seite stellen. Danach Zwiebeln, Knoblauch, Petersilie, Paprika und Tomaten in dem selben Öl halbgar dünsten. Den Boden eines Schmortopfs mit den gekochten und in Scheiben geschnittenen Kartoffeln auslegen und diese mit den Fischfilets bedecken, mit dem Weißwein begießen und die Rosinen und Pinienkerne auf dem Fisch verteilen. Das Gemüse dazugeben und auf niedriger Stufe im Ofen einige Minuten schmoren.

Calamares

rellenos

Zutaten für 4 Personen:

8 große Kalamare
250 g geschälte Garnelen
250 g Miesmuscheln
250 g Venusmuscheln
3 Zwiebeln
1 Zweig Petersilie
1 Selleriestange
500 g Tomaten
1 Lauchstange
2 gekochte Eier
2 rohe Eier
Rosinen und Pinienkerne
1 TL Paprikapulver
Salz, Pfeffer
1 Schuß Cognac
3 EL Mehl,
Fischfond

Gefüllte Kalamare

Zwiebeln, Fangarme der Kalamare, Miesmuscheln, Venusmuscheln und Garnelen in sehr kleine Stücke schneiden, die gekochten Eier hacken und alles zusammen anbraten. Paprikapulver, Mehl, einen Schuß Cognac sowie einen Löffel Fischfond dazugeben und die beiden rohen Eier unter die Masse heben. Kalamare in Wasser kochen, mit der Mischung füllen und mit einem Zahnstocher verschließen, in eine tönerne Kasserolle legen, mit einem Eßlöffel Fischfond beträufeln und etwa 10 min mit der restlichen Füllung kochen. Mit weißem Reis servieren.

Mero

mallorquino

Zutaten für 4 Personen:

4 Filets vom Zackenbarsch
1 kg Zwiebeln
500 g reife Tomaten
1 Zweig frische Petersilie
1 Knoblauchknolle
1 grüner Paprika
1 roter Paprika
1,5 kg Kartoffeln
200 ml Weißwein
500 ml Olivenöl
Rosinen, Pinienkerne
Pfeffer, Salz
1 EL Paprikapulver

Zackenbarsch auf mallorquinische Art

Zwiebeln, Knoblauch, Petersilie, Paprika und Tomaten klein schneiden. Öl in einer großen Kasserolle aus Ton erwärmen, die Fischfilets hinzugeben und goldbraun anbraten, dann aus der Kasserolle nehmen, trockentupfen und zur Seite stellen. Danach Zwiebeln, Knoblauch, Petersilie, Paprika und Tomaten in dem selben Öl halbgar dünsten. Den Boden eines Schmortopfs mit den gekochten und in Scheiben geschnittenen Kartoffeln auslegen und diese mit den Fischfilets bedecken, mit dem Weißwein begießen und die Rosinen und Pinienkerne auf dem Fisch verteilen. Das Gemüse dazugeben und auf niedriger Stufe im Ofen einige Minuten schmoren.

7-10 Marzo 2001
10

31
37

45
45

Restaurant Xoriguer

Palma

So etwas wie die „Jungen Wilden" Frankreichs gibt es auch auf Mallorca, und die beiden Inhaber und Chefs Bartolomé Trias und Oscar Martinez lassen sich wirklich etwas einfallen. Zur Pilzzeit gibt es ein Pilzmenu, bei dem sogar das Dessert mit Pilzen angerichtet wird. Diese Ideen werden zu allen Jahreszeiten umgesetzt, die Karte wechselt ständig, und es kommt nie kulinarische Langeweile auf. Schickes minimalistisches Interieur und ein charmanter Service runden das Bild ab. Die Karte ist klein und auf die oben erwähnten Spezialitäten abgestellt, die Weinkarte bietet einen guten Querschnitt der insularen und peninsularen Keller. Der Xoriguer ist ein fliegender Fisch, und mit fliegenden Fahnen gehen wir gerne wieder hier essen. Nun ist die dritte Reise zu Ende. Entweder geht's gleich zum Flieger oder in eines der schönen Stadthotels von Palma für eine letzte Nacht.

Restaurant
Xoriguer

C/. Fabrica, 60
E-07013 Palma
Fon: +34 (0) 971 - 28 83 32

Öffnungszeiten: Sonn- und Feiertage geschlossen, August geschlossen.

Preise: mittel

Parken: schwierig, in der Nähe suchen

Brocheta de solomillo de cordero

con couscous y aderezo de albahaca y piñones

Zutaten für 4 Personen:

800 g Lammfilet
50 g frische Basilikumblätter
50 g geröstete und zerkleinerte Pinienkerne
600 ml Lammbrühe
100 g Instant-Couscous
100 ml Olivenöl
1 Zwiebel
1 Stange Lauch
1 rote Paprikaschote
1 Fenchelknolle
Salz, Pfeffer

Lammfilet am Spieß mit Couscous und einem Dressing aus Basilikum und Pinienkernen

Für die Zubereitung des Couscous das Gemüse zerkleinern und auf großer Flamme sautieren. Mit 200 ml Lammbrühe und 200 ml Wasser aufgießen, aufkochen, das Couscous hinzugeben und unter Rühren einkochen lassen, salzen. Für das Dressing 400 ml Lammbrühe auf 80 Grad erwärmen, einen Teil der Basilikumblätter und Pinienkerne hinzufügen und pürieren. Mit 100 ml Olivenöl abschmecken. Das Lammfilet in vier Portionen teilen, in Olivenöl auf großer Flamme braten, salzen und pfeffern und danach auf einen Spieß stecken. Die Oberfläche der Teller mit Couscous bedecken, die Spieße darauf legen und mit dem restlichen Basilikum und den Pinienkernen garnieren und mit dem Dressing überziehen.

Frio caliente de chocolates

Zutaten für 4 Personen:

Für das Schokoladeneis:
10 g Speisestärke
500 ml Milch
100 ml Sahne
140 ml geschlagene Eidotter
250 g Vollmilchschokolade
20 g Traubenzucker
2 Gelatineblätter

Für die weiße Schokoladencreme:
90 ml geschlagene Eidotter
350 g geschmolzene weiße Schokolade
200 g zerlassene Butter
300 g halbsteif geschlagene Sahne

Für die Schokoladensoße:
450 ml Sahne
200 g Zucker
250 ml Wasser
135 g Kakao

Beeren der Saison
Minzblätter

Heißkaltes Schokoladendessert

Milch, Sahne und Stärke zum Kochen bringen und mit den Eidottern zu einer Creme verrühren. Den Traubenzucker sowie die eingeweichten Gelatineblätter hinzufügen. Zuletzt die geschmolzene Schokolade unterrühren und in der Sorbetière zu Eis verarbeiten. Für die weiße Schokoladencreme Schokolade, Butter und die Eidotter verrühren. Sobald die Mischung abgekühlt ist, die Sahne hinzufügen, bis eine homogene Creme entsteht. Im Kühlschrank abkühlen. Für die Schokoladensoße die Sahne zusammen mit dem Zucker erhitzen und die weiteren Zutaten hinzufügen. Die weiße Schokoladencreme in die gewünschte Form schneiden und 2 min bei 180 Grad bräunen. Auf dem Teller anrichten, die Eis-Quenellen dazugeben und mit Schokoladensoße beträufeln. Mit Beeren und Minze dekorieren.

VK HR
110

Super
NAFTA YPF
57
16
31
6
10
10
DKD
71
Quality Engineers
26
8
Peter Stöhrmann
32

Die Rallye ist zu Ende, die Wagen werden aufgeladen, und alle freuen sich schon auf das nächste Jahr. Nun gibt es endlich genug Zeit, die Insel einmal richtig zu erkunden. Eine kleine Welt, die landschaftlich und kulinarisch ein so breites Feld bietet, wie man es kaum woanders finden kann. Vom Luxushotel bis zur rustikalen Finca, vom Schlemmerlokal zur einfachen Landküche – hier ist alles in einem Mikrokosmos vereint, und immer wieder fällt der Blick auf das blaue Meer mit den herrlichen Sonnenuntergängen der Westküste. Rummel und beschauliches Landleben liegen so dicht beieinander und sind doch so weit entfernt. Sinnliches Erleben auf der Insel des Lichts.

Mallorca, wir kommen bald wieder!

D J86 H
Sóller
unyent
Palma
Portixol